本书得到以下课题或者研究中心资助：

杭州市哲社重点研究基地"数字化转型与社会责任管理研究中心"

杭州市社科规划人才培育计划专项课题"互联网背景下企业家领导力对组织转型的多层影响机制研究"（2018RCZX22）

浙江省自然科学基金项目"组织二元性在互联网情境下的双通道演进机制：基于设计与涌现的视角"（LQ18G020007）

国家自然科学基金面上项目"激活与赋能：数字化背景下员工主动行为研究"（72072058）

国家社会科学基金项目"新形势下我国制造业集群数字化转型的典型路径与对策研究"（20BJY100）

数字化转型下的
变革领导力

| 情境识别与效能提升 |

CHANGE LEADERSHIP
UNDER DIGITAL TRANSFORMATION
CONTEXT RECOGNITION
AND EFFICIENCY IMPROVEMENT

吴 挺◎著

ZHEJIANG UNIVERSITY PRESS
浙江大学出版社

图书在版编目(CIP)数据

数字化转型下的变革领导力:情境识别与效能提升 / 吴挺著. —杭州:浙江大学出版社,2021.6(2022.3 重印)
ISBN 978-7-308-21344-8

Ⅰ.①数… Ⅱ.①吴… Ⅲ.①企业领导学 Ⅳ. ①F272.91

中国版本图书馆 CIP 数据核字(2021)第 085241 号

数字化转型下的变革领导力:情境识别与效能提升

吴 挺 著

责任编辑	陈思佳(chensijia_ruc@163.com)
责任校对	许艺涛 沈巧华
封面设计	雷建军
出版发行	浙江大学出版社
	(杭州市天目山路 148 号 邮政编码 310007)
	(网址:http://www.zjupress.com)
排 版	浙江时代出版服务有限公司
印 刷	广东虎彩云印刷有限公司绍兴分公司
开 本	710mm×1000mm 1/16
印 张	13.25
字 数	210 千
版 印 次	2021 年 6 月第 1 版 2022 年 3 月第 2 次印刷
书 号	ISBN 978-7-308-21344-8
定 价	58.00 元

前　言

　　近些年,数字技术引发的社会和经济变革使其成为中国产业升级与未来发展的重要引擎,同时越来越多的企业希望通过数字化转型这一创业举措来获取新的竞争优势。但是,大多数企业领导者在这一过程中面临"两不着"的变革困境:一方面,延伸的数字技术不能加强核心业务;另一方面,传统业务可能因转型急切而失去原先的优势。两者共同的结果都是整个组织变革失败。此外,数字技术本身具有的全球化、开放性和去中心化等特征也给企业领导者的变革任务及其所需的能力带来了新的挑战。情境化领导理论指出,一旦情境发生改变,领导力也需要随之发生变化。因此,企业领导者应该采取怎样的"新型领导力",来有效地适应上述新情境以及应对转型困境,就成为目前实践界和学术界十分关注的一个问题,这也就是本书的研究缘起。

　　基于问题驱动和情境嵌入的研究范式,本书将核心研究问题界定为:在数字化转型的背景下,企业需要采用哪种情境化的领导力,确保原有存量业务和数字技术增量之间的协同,最终实现企业的成功转型? 在系统地回顾组织变革和领导力等相关研究领域后,本书确立了三方面的研究任务:第一,在数字化转型的情境下,企业家变革领导力的关键行为表现在哪些方面? 对这一问题的解答需要在现有成熟理论的基础上开发针对数字化转型情境的变革领导力,并对其进行验证(研究一和研究二)。第二,哪些因素影响并促进了变革领导力的产生? 对这一问题的解答需要识别该情境领导力在数字化转型背景下的情境因素及其边界条件(研究三)。第三,上述变革领导力是如何影响转型绩效的? 对这一问题的解答需要从个体和组织层面探究其效能结果与作用机制(研究四)。

为了解答以上三方面的问题,本书设计并开展了四个紧密关联的研究。

研究一:变革领导力的构思开发。首先,基于西方国家提出的变革型领导双层模型、组织变革和领导力研究的最新进展以及企业领导者在数字情境下的任务变迁,构建了由"个体聚焦-组织聚焦"和"任务导向-关系导向"所组成的理论框架。接着,遵循理论抽样原则选取了三个进行数字化转型的典型企业案例,并通过案例访谈、内部文件、视频转录和网络资料等多种信息来源,对样本企业在数字化转型情境中的关键举措进行了案例内分析和跨案例比较。最终总结出该情境下变革领导力的四个维度,它们分别是任务激励、个性关怀、创新引领和跨界联合。

研究二:变革领导力的量表开发。在案例研究的基础上,本书按照量表开发的规范步骤进行变革领导力的量表开发——通过文献回顾、深度访谈、操作化定义和专家评审构建了由 20 个题目组成的初始测量量表;通过两轮大样本问卷,先后进行了探索性因素分析(EFA)和验证性因素分析(CFA),并得到了由 15 个题目构成且因子载荷较好的测量量表。经过验证,基于变革型领导双层模型和变革领导力的"任务导向-关系导向"分析框架提出的四维度变革领导力具有较好的理论构思。

研究三:变革领导力的适应机制。为响应管理学一级期刊《美国管理学会学报》(*Academy of Management Journal*,*AMJ*)"构建特定情境的管理理论"的号召,本书在关注数字化转型这一重要实践时提炼出影响变革领导力的三大情境因素——环境动态性、运营互联性和任务协作性,同时基于情境分析模型选取了创新文化作为调节变量来研究数字情境因素对变革领导力产生的影响过程。通过大样本的问卷调研发现,当企业面临的环境越动态,工作任务越需要跨边界合作时,企业越需要采用情境化的变革领导力。同时,当组织的创新文化越弱时,则越需要采用变革领导力来应对数字情境。本书将上述过程称为变革领导力的文化适应机制。

研究四:变革领导力的效能机制。企业在数字化转型过程中往往会面临"两不着"的变革困境:一方面,延伸的数字技术业务不能加强原先核心业务;另一方面,原有业务因转型急切而失去原先的优势。两者共同的结果都是整个组织变革失败。基于这一实践问题,研究四设计了一个整合的多层模型来探索该情境化的变革领导力对数字化转型的效能机制。其中,子研究一从组织二元协同的视角探索了变革领导力对组织转型绩效的影响,并通过大规模的问卷分析得出了两个重要结论:第一,变革领导力及其四个维度对组织绩效的确具有积极的正向影响作用;第二,变革协同性是变革领导力影响组织绩效的重要中介因素。通过这一部分的研究,本书从理论上证实了变革领导力能够增强变革协同性,进而提升组织的转型绩效,是企业成功转型的重要变量。此外,组织层面的变革绩效最终要落实到实施具体变革任务的员工。因此,企业领导者的行为不仅要聚焦组织层面的关键任务,还需要适应数字情境下领导者与员工之间的新型关系。因此,子研究二建立了一个跨层模型来探究变革领导力对员工绩效的影响过程,并通过大规模的问卷分析得出三个重要结论:第一,变革领导力对个体绩效的确具有积极的正向影响作用;第二,变革协同性是变革领导力影响个体绩效的重要组织中介因素;第三,个体主动性是变革领导力影响个体变革绩效的重要个体中介因素。本书将上述作用过程称为变革领导力的多层效能机制。

　　本书主要有三个方面的理论贡献:第一,基于中国管理实践,丰富了变革领导力的情境化研究。第二,基于数字化转型情境,构建了由环境动态性、运营互联性和任务协作性构成的影响因素,并阐述了上述特定情境对变革领导力的影响作用和边界条件,揭示了其产生的文化适应过程。第三,整合多学科视角,探索了变革领导力对组织和个体绩效的影响过程,探索了其作用的多层效能机制。总的来说,本书是一项嵌入具体情境的问题驱动型研究,丰富了变革领导力的情境化研究,同时在一定程度上为中国目前正在进行数字化转型的企业提供理论依据和实践指导。

目　　录

1 绪 论

1.1 数字化转型与中国企业变革

1.1.1 在经济转型层面,数字化转型是国家发展的关键战略

一方面,数字技术正成为中国产业升级和未来发展的重要引擎。政府已经意识到数字技术在整个经济发展中的重要作用。在大众创业、万众创新的变革形势下,李克强总理在《政府工作报告》中首次提出了"互联网＋"行动计划。2015 年的《政府工作报告》中提出:"制定'互联网＋'行动计划,推动移动互联网、云计算、大数据、物联网等与现代制造业结合,促进电子商务、工业互联网和互联网金融健康发展,引导互联网企业拓展国际市场。"①此次《政府工作报告》共有三处提及了互联网,是出现互联网次数最多、篇幅最大的一次,其目的在于用国际领先的数字技术去提升国内传统行业相对落后的效率、管理和创新能力,促进数字技术与传统行业的深度融合,最终实现国家的创业创新总战略。[1]

另一方面,企业数字化转型还是供给侧结构性改革和新常态下经济模式转变的重要实现路径。经济增速减慢、结构调整阵痛、前期政策消化是中国经济正面临的三大困境,传统的粗放型经济增长方式和局部调整已经不能适应可持

---

① 《政府工作报告(全文)》,中华人民共和国中央人民政府,2015 年 3 月 16 日,http://www.gov.cn/guowuyuan/2015-03/16/content_2835101.htm? ivk_sa＝1024320u。

续发展的需要,而数字技术能够在生产力和创新等各方面为 GDP 增长提供新的动力。习近平总书记在 2015 年中央财经领导小组第十一次会议上首次提出:"着力加强供给侧结构性改革,着力提高供给体系质量和效率,增强经济持续增长动力,推动我国社会生产力水平实现整体跃升。"[①]而企业作为供给侧变革的生产端,因为数字技术而焕发出新的生命力。在 2014—2015 年,移动互联网所催生的数字技术经济重塑了我国各个传统行业,从"互联网+零售""互联网+金融""互联网+汽车",到"互联网+农业""互联网+地产""互联网+旅游",再到"互联网+媒体""互联网+通信""互联网+娱乐",中国经济因为数字技术发展而呈现出新的活力和可持续性。

1.1.2 在行业发展层面,数字化转型是产业升级的重要机遇

《电子商务"十二五"发展规划》中指出,加快发展电子商务是企业降低成本、提高效率、拓展市场和创新经营模式的有效手段,是提升产业和资源组织化程度、转变经济发展方式、提高经济运行质量和增强国际竞争力的重要途径,对于优化产业结构、支撑战略性新兴产业发展和形成新的经济增长点具有非常重要的作用,对于满足和提升消费需求、改善民生和带动就业具有十分重要的意义,对于经济和社会可持续发展具有愈加深远的影响。

麦肯锡在 2014 年发布的研究型报告《中国的数字化转型:互联网对生产力与增长的影响》中也指出,数字技术正从根本上重构中国人的消费和生活方式。在这份报告中,麦肯锡还深入分析了数字技术对消费电子、化工和金融服务等六个代表性行业的影响,并量化了数字技术所带来的经济价值。例如:在消费电子领域,数字技术为创新电子产品开辟新市场,预计到 2025 年,数字技术对行业总体增长的贡献度为 14%~38%,并带来行业及其相关价值链高达 7%~13%的就业增长;在汽车行业,数字技术有助于新的销售和服务,预计到 2025年,数字技术对汽车业 GDP 增长的贡献度为 10%~29%,并在二手车、远程服务、汽车贷款等相关市场创造多达 28 万个就业机会;对于房地产产业,数字技术的可量化影响充满不确定性,预计到 2025 年该行业的 GDP 增长可能因为数

---

① 《习近平主持召开中央财经领导小组第十一次会议》,中华人民共和国中央人民政府,2015 年 11 月 10 日,http://www.gov.cn/guowuyuan/2015-11/10/content_5006868.htm。

字技术增加6％或减少3％。具体见图1.1。

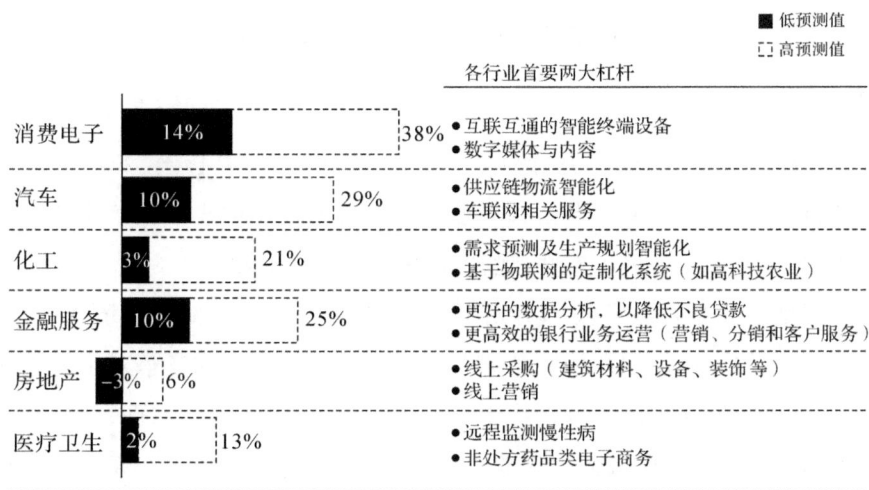

图 1.1 2013—2025 年数字技术对六大行业 GDP 增长的贡献率估计[2]

1.1.3 在企业变革层面,数字化转型是企业竞争优势的重要来源

目前,许多企业面临着前所未有的巨大挑战。一项针对200家企业的数据调查显示,96％以上企业表示受到了数字技术的较大冲击,能充分利用数字技术资源的企业不超过5％,只有20％不到的企业在积极借力数字技术,而超过75％的企业仍然感到茫然。

企业的数字化转型,是对文化、组织、结构、产品、创新、管理、营销等一系列组织要素的重新构建。而这些要素一旦与数字技术有效融合,将为组织带来三大竞争优势:第一,可以帮助企业优化产业链并带来新的创业机会。淘宝、苏宁和京东等平台的兴起,让众多企业积极转向数字技术,数字技术平台逐渐取代传统零售店成为销售行为转化的重要场所,实现了产业链的优化。第二,可以帮助企业降低成本,提高效率。数字技术的发展,使信息交流越来越便捷,同时将分散的需求聚拢在特定规模平台上。数字化转型不仅能够优化企业与消费者之间的沟通路径,而且可以降低各种成本并提高资源的使用和配置效率。第三,使得企业可以更加便捷地根据需求导向进行个性化定制。传统管理注重计划、控制,追求稳定性,决策迟缓,响应周期长,数字技术降低了企业与用户的沟通成本,让企业可以针对消费者的个性化需求提供大规模的定制服务。

1.2　数字化转型下的关键情境特征

数字技术具有全球化、开放性、分布式、交互式、去中心化、海量信息等特征,这些特征与企业的经营准则和管理过程进行融合并构成了数字化转型过程中企业的关键情境:环境动态性、运营互联性和任务协作性。

环境动态性是指数字技术背景下,实时追求变化和创新的环境属性:一方面,数字技术的全球化和开放性意味着转型企业面临更多的竞争对手与创业机会,只有实施变化和创新才可以构筑可持续的竞争优势;另一方面,数字技术的交互式和去中心化特征极大地改变了顾客的购买偏好与习惯,持续地改进营销方式或引入新的产品逐渐成为企业经营活动的常态。

运营互联性是指在转型过程中,企业重要管理活动(如沟通、决策和技术开发)受数字技术的影响程度。数字技术的开放性、去中心化和分布式三个特征深刻影响了企业的文化、策略、运营、组织架构与合作伙伴等各个组织要素,使得企业与外部环境或其他形式的组织之间能够以更加丰富和创新的方式建立联系,并不断变革传统价值链中的运营范式。例如,为了适应快速变化的数字技术环境,企业需要从传统的层级式、集中化转向分布式、网络状的组织管理。为了区分数字技术对企业转型的影响程度,实践中划分了四种主要的数字化转型类型:传播层面的数字技术化,主要表现为通过数字技术工具实现产品展示、品牌宣传等功能;渠道层面的数字技术化,主要表现为通过数字技术实现产品或服务的销售;供应链层面的数字技术化,主要表现为消费者参与到产品设计和研发等企业流程环节;用数字技术思维重新架构企业,主要表现为商业模式或整个组织的再设计。这四个类型层层递进,越到后面代表数字技术对企业的影响越深,即组织的运营互联性情境特征越明显。

任务协作性是指在数字化转型过程中,企业的具体组织任务呈现出更多的跨边界合作要求。全球化、开放性和海量信息的数字技术特征打破了原有的社会结构、经济结构、关系结构、地缘结构甚至文化结构,结构被重塑的同时带来很多要素如关系、连接、规则和沟通方式的转变,使得当前的创新方式发生了根本性变化——呈现出从小众主体到大众群体、从单一创新能力到开放协同创新等新的特点。同时,企业数字化转型的一个重要特征是产品或服务的虚拟化和数字化,这一转变要求企业更多地借助数字技术工具和技术来整合企业、员工、客户及合作伙伴,并实现相互之间的数据交互、信息共享,最终实现事务的大协同。此外,数字情境下的海量数据不仅容量大、类型多,还具有价值高和速度快等特征。[3]因此,单一个体、团队甚至是组织仅依靠自身能力可能无法有效快速地处理这些数字情境下对企业发展至关重要的信息。

1.3 数字化转型中的领导力挑战

企业数字化转型本质上是组织在高度不确定性、快速变化背景下将数字技术作为一种生产力,是涉及公司文化、策略、运营、组织架构和合作伙伴的多维度、大规模、全方位性的组织变革。数字化转型主要在两方面发挥作用:一是企业利用数字技术和平台进行自我变革,提高生产效率;二是通过跨界融合不同产业,培育出新产品、新业态。两者的共同点都是企业的存量资源和增量数字技术之间协同发展。但在这一过程中,企业领导者往往会面临"两不着"的转型困境:一方面,延伸的数字技术业务不能加强原先的核心业务;另一方面,传统业务因转型急切而失去竞争优势。两者共同的结果都是整个组织变革失败。事实上,许多研究者和实践者都指出组织变革的高失败率和领导力对组织变革的重要性:至少有一半的组织变革是以失败告终的,其中主要原因是糟糕的领导力[4];组织失败的原因在于变革领导者或变革代理人忽视了与人相关的重要变革因素[5];这些失败主要是人的因素导致的,与技术因素关系不大[6-7]。埃森哲发布的《中国企业开启转型新历程》报告也指出,企业转型成功与否关键在于领导力、组织人才和文化。在针对企业高管的调研问卷中,本书发现关于企业转型的成功因素大部分与领导力相关,包括"领导层推动""意图传达""行为塑造"和"促进协作"。类似地,中国企业家调查系统在 2013 年发布的调研问卷专门收集与企业转型相关的内容,整合了全国范围内 4000 余家企业家的调查数据,结果显示 26.2% 的受访者认为企业家领导变革的能力是最大的挑战之一。

在进入 21 世纪后,面对各类变革转型的新挑战,企业家所承担的任务及所需的能力呈现出一系列新的特征。[8] 上述观点在数字化转型的变革情境下得到了充分的体现。在数字情境下,企业领导者的任务要求由于情境变迁而发生了显著的变化。第一,数字技术深刻地改变了各个行业所处的外部环境,使得企业生存和发展的商业逻辑发生了很大改变,因此领导者需要更加重视组织外部因素。例如:领导者要思考企业在数字技术背景下有哪些新兴用户及其新的特点,组织是否需要重构商业模型来适应数字技术的快速迭代;企业在数字技术时代面临的是跨区域甚至是全球化的机遇和挑战,企业领导者需要重新思考如何借助数字技术和平台搭建行业生态圈以及在更大范围内利用资源。第二,数字技术对企业各个管理活动的深刻影响,使得领导者与员工之间的互动关系呈现出新的特点。例如,企业领导者过去更多是通过组织设计或制度安排与员工建立联系,但在强调开放、平等和互动的数字技术背景下,企业领导者与组织中的员工有了更多直接互动的可能,同时需要关注员工多元化的个性需求。相比于传统任务,这些新的领导任务表现出两方面特点:一方面,受外部环境驱动更多,创新的开发和执行在"互联网＋"时代对于经济环境的骤变是最重要的,因此领导者的任务重心开始转向基于外部环境的组织创新与生态合作。另一方面,需重新审视领导者与员工之间的新型互动关系。员工的身份在数字情境下开始由受雇方转为组织合作者,同时更多地参与组织的各项任务和重要决策。因此,领导者需要根据下属的行为确定授权范围和激励方式,在设计组织任务时需要考虑员工需求的多样性。

总的来说,面对日益复杂多变的商务竞争和信息化的快速进程,企业需要一种"新型领导力",这一领导力将逐渐成为组织获取竞争优势并持续创造价值的关键要素,并对高绩效目标任务的完成和变革的成功都具有重要的理论价值与实践指导意义。[8]

1.4　核心研究问题

企业数字化转型,是中国经济产业变革的大问题。回顾中国情境下的组织变革研究,组织变革研究应该在转型升级的大背景下立足重要的实践问题(问题驱动)并嵌入具体的产业背景(情境嵌入),从而构建系统的、战略性的变革理论。[9]通过上述背景分析,本书发现数字化转型不仅是企业竞争优势的重要来源以及各个行业变革的重要机遇,还是整个国家目前发展的关键战略,是值得学者寻找研究问题并进行理论探索的重大实践问题。此外,"情境化领导理论"认为特定的情境会产生独特的权变因素、约束条件和因果关系,因此要嵌入具体情境来研究领导力。领导力的情境化研究要求研究者要意识到,领导力是一个社会建构的情境嵌入过程,其有效性在很大程度上依赖于情境。也就是说,一旦情境发生改变,领导力也将发生改变。[10]本书识别了该情境的三个重要特征(环境动态性、运营互联性和任务协作性),以及领导者在这三大情境特征下面临的转型困境和新任务要求。因此,实践问题和理论分析都要求研究者建立一个基于数字化转型的情境化领导力理论。

本书需要解决的核心研究问题是:在数字化转型背景下,企业需要采用怎样的情境化领导力进行应对,从而确保存量业务的核心活动和增量数字技术之间的协同优势,并最终实现成功变革。具体地,本书将回顾组织变革和领导力等相关研究领域,并基于情境嵌入和多水平分析的研究方法,深入探究针对数字化转型背景的情境化领导力内涵及其形成过程和效能机制。本书将探讨三个关键理论问题:第一,在数字化转型背景下,企业家领导力的关键行为表现在哪些方面? 由哪些维度组成? 第二,数字化转型情境具有哪些重要特征? 它们如何影响该领导力的产生? 第三,基于数字化转型背景的情境化领导力是如何对组织绩效和个体绩效产生多水平的影响?

2　文献综述

在过去20多年的理论研究中,学者已经从变革型领导的理论视角探讨了领导者特征或行为与组织变革之间的关系。越来越多的证据表明,变革代理人的领导行为对组织变革有重要影响。[11-14]但是,大多数解释领导力与组织变革关系的理论研究并没有关注组织内部过程的复杂性[15],比如实施变革过程中涉及的诸多组织活动,使得不同领导行为在不同变革活动中所发挥的差异化作用被研究所忽略。相反,在组织变革的相关研究中,学者指出了组织变革本身的复杂性以及领导者在不同变革活动执行过程中的作用。[16]但是这两类研究都忽略了一个共同的问题,即变革代理人本身具备的能力或者行为在不同变革活动中所发挥的作用。因此,为了具体阐述组织变革背景下的领导力,需要同时对组织变革和转型理论、组织变革和领导力理论进行回顾。

2.1　组织变革和转型理论

2.1.1　组织变革理论

2.1.1.1　组织变革的概念内涵和理论发展

组织变革作为组织科学领域的重要研究议题,受到了经济管理、心理学、社会学甚至系统工程等诸多领域学者的广泛关注。在组织管理领域,更是受到了战略、文化、人力资源管理和组织行为等不同研究领域的国内外学者的共同关注。[17]组织变革已经成为社会科学的重要议题。[18]

组织变革研究学者指出了组织变革理论发展的三大重要里程碑,它们分别是科学管理、霍桑实验、Lewin 的计划变革和组织发展理论。[19]Taylor 提出的科学管理思想在近 100 年内深刻影响着组织变革(例如业务流程改进)[20];霍桑实验在科学管理的基础上强调了员工动机的重要性,因此是理解人力资源管理和组织变革关系的重要前提;而 Lewin 最早提出了计划变革的概念,认为组织是由两种对立力量交互影响所形成的平衡体,而一个成功的变革过程就是推动组织朝着所渴望的新的平衡状态转变。他所提出的三阶段变革模型被认为是其对组织变革理论的主要贡献,一些学者认为组织变革的所有理论模型都可以简化成 Lewin 的三阶段模型。

通过文献回顾,本书发现在大部分学术文献和实务报告中,组织变革并没有一个明确的并被广泛接受和应用的定义。组织变革作为一个宽泛的概念,既可以指组织在不同形态之间的转变活动,也可以理解为组织改变流程和策略的过程。[21]在具体的表现方面,组织变革可以有并购、重组、流程再造、业务转型、公司创业和国际化等多种形态。虽然对组织变革概念没有清晰的定义,但是不同的学者尝试从不同的角度来理解组织变革,主要有心理视角、进化视角和理性视角。

组织变革的心理视角假定组织是由各种观念构成的集合体,因此在变革过程中领导者需要管理和引导下属的观念转变与心理适应,并通过共享知识、制定决策以及奖励等活动促进这一过程。[22]这一视角的优势在于强调了员工在变革过程中的重要性,认为领导者在变革中的主要作用在于减少员工对变革的抵制情绪,因此经常被用于解释组织变革是如何运作的。不过不足之处在于过度关注个体,导致与变革相关的系统因素(例如组织结构)容易被忽略。

组织变革的进化视角认为组织变革是从当前状态到未来期望状态的一种组织转变过程。期望状态可能是实施某项新的企业战略、改变企业文化或者成功引入新的技术,因此一些学者提出可以通过进化论中的自然选择理论来解释组织变革的发生过程。[23]进化是一个渐变的缓慢过程,这与组织中多数变革是类似的,即变革是通过一系列阶段的积累变化对组织绩效产生影响。另外,我们可以通过隐喻的方式将进化论中的"变异—选择—保留"概念应用于理解组织在变革中是如何产生新的策略、如何选取适应性的策略以及如何保留成功的策略等过程。这一视角的优势在于强调了适应和生存之间的联系，而不足之处在于过于强调环境因素的决定作用。

变革的理性视角认为组织变革是可以通过领导者的战略和规划进行引导的。组织这一观点在目前的组织变革理论中是应用最为广泛的。[24]这与目的论是一致的，后者认为最终目标可以指导行动发生的逻辑和规划。[25]换句话说，组织内的所有事物都是领导者的意志、愿景和行动的体现，因此变革及其过程也是可控的。这一视角的优势在于实践中的实用性，但不足也是明显的：例如，在变革过程中遇到结构性的困境或者高层领导者之间存在争议时，领导者并不能掌控变革的进展。

大多数变革都是以失败告终的，这一点已经被大量的理论研究和实践活动所证明。[18,26]虽然很多学者致力于研究变革失败的原因[7]，但现有研究仍缺乏实证证据支持，需要进一步考虑情境因素的作用。[27]目前，大多数学者都认为组织变革研究需要关注变革的情境、内容、过程以及这些因素在不同时间的相互作用，这样才能提出有助于变革成功的新视角。[26,28,29]

2.1.1.2 组织变革的情境范畴

目前关于组织变革的分类框架主要包含了三个方面：内容、过程和情境。[16]其中，变革研究的情境范畴主要关注组织内外部环境中对组织有效性有重要影响的变革力量，学者试图通过调研不同的变革背景来解释为什么内外部情境是组织变革的一部分。具体地，外部力量包括了政府管制、技术条件和影响市场竞争的产业要素，而内部环境则包括了专业化程度、工作规范或变革经验。

早在20世纪90年代，学者便开始关注不同行业、政策和文化背景下的组织变革过程。以美国医院在60年代到80年代之间的产业变迁为例：在相对稳定的60年代到70年代，医院仅需增加服务就可以获得发展，但在政府管制、高成本的70年代到80年代，医院需要通过设立保健公司和实施医疗保健计划等新的结构与战略来获得跨越式成长。[30]同样，关于美国撤销航空管制的变革举措与组织发展之间的关系：撤销管制作为外部导向的突变式变革，改变了美国航空业国营的基本性质，使得民营企业可以自行定价并自由进出市场，从而颠覆了整个行业的发展。[31]

　　有学者研究了美国加利福尼亚银行业在计算机技术发展背景下外部环境变化和组织变革行动之间的关系,认为计算机技术发展使得当时金融行业的变革情境呈现出三个方面的特点:行业进入壁垒降低,金融产品复杂性增加,信息处理速度加快。企业在组织结构和惯例行为上的改变可以增加短期的财务绩效与长期的生存机会。[32]通过探索美国社区再投资法对两家不同风格银行的影响,学者发现:保守型的银行在实施突变式变革过程中,由于变革类型与组织原先的形象不匹配而遭遇彻底的反对,并以失败告终;而开拓性的银行采用了递进式的变革方式,最终取得了成功。[33]

2.1.1.3　组织变革的内容范畴

　　变革研究的内容范畴主要是识别变革活动的构成要素以及这些要素与组织有效性之间的关联性。在众多内容模型中,比较有代表性的是 Burke、Litwin 的组织绩效和变革模型[34],以及 Meyer、Brooks、Goes 的"适应—变形—演化—革命"模型[30]。

　　(1)组织绩效和变革模型

　　Burke、Litwin 基于典型的变革实践提出了组织绩效和变革模型。[30]这一模型由转型变革要素和交易变革要素组成。其中转型变革要素涉及组织战略、使命、领导和文化,具有长期性、战略性的特征。而交易变革要素包含了管理实践、工作氛围以及个人层面的任务要求、激励需求和价值观等,目的是促进个体绩效的提升。这一理论模型将变革视为一个包含转型要素和交易要素的系统,变革的动力来源于外部环境的变化,而变革的实施则依靠组织内多个层面的要素协调,是一个内外交互的内容整合模型(见图 2.1)。

　　(2)"适应—变形—演化—革命"模型

　　为了更好地理解不同变革类型的具体内涵,Meyer、Brooks、Goes 从变革模式(一阶变革或二阶变革)和变革水平(组织或产业)两个维度出发,将组织变革划分为四种基本类型:适应、变形、演化和革命(见图 2.2)。[30]适应(adaptation)和演化(evolution)视角下的组织变革,分别描述的是单一企业和整个产业背景下的一阶变革过程(也称浅层变革)。前者认为大多数企业会在某种程度上追踪外部环境并有意识地保持一致,例如,企业在试验新产品、调整组织或优化流程中取得的成功会被组织制度化。后者认为处于成熟产业中的

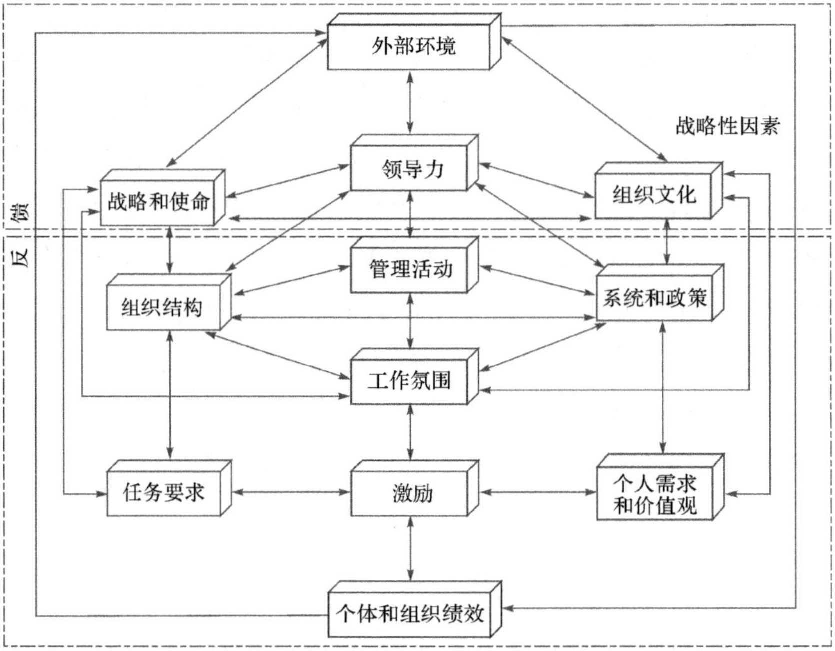

图 2.1　组织绩效和变革模型

	一阶变革	二阶变革
组织水平	**适应** 关注:组织内的渐进式变化 机制:渐进主义理论 　　　资源依赖理论 代表学者: · Miles & Snow (1978) · Pfeffer & Salancik (1978)	**变形** 关注:组织内的突破性变化 机制:生命周期理论 　　　结构转换理论 代表学者: · Kimberly & Miles (1980) · Tushman & Romanelli (1985)
产业水平	**演化** 关注:成熟产业内的渐进式变化 机制:自然选择理论 　　　制度同构理论 代表学者: · Hannan & Freeman (1977) · McKelvey & Aldrich (1983)	**革命** 关注:产业的兴起、变迁和衰落 机制:间断均衡理论 　　　物种形成理论 代表学者: · Gould & Eldredge (1977) · Schumpeter (1950)

图 2.2　"适应—变形—演化—革命"模型

企业虽然具有一定的惰性,但也会对变化的外部因素进行反应。根据自然选择理论,行业内不同企业的进入和消失会导致整个产业朝着不同的方向发展,进而导致产业内企业的组织变革;制度理论认为企业通过"同构"的方式获得合法性、资源以及生存机会。虽然两种理论强调的是不同的机制,但都假定组织变革是企业在较长时间内与外部环境达成一致的演进过程。而变形(metamorphosis)和革命(revolution)视角下的组织变革,分别描述的是单一企业和整个产业背景下的二阶变革过程(也称深层变革)。前者认为企业虽然具有稳定的配置和惯例,但是必须周期性地进行组织层面的转型。许多现有理论都支持这一视角,例如企业生命周期理论、战略转换理论和技术创新突破理论。后者描述的是产业深层变革背景的组织变革过程。这一视角认为当产业发生质的变化时,会产生一些新的组织形式,支持理论主要是破坏式创新理论。

2.1.1.4　组织变革的过程范畴

组织变革研究的过程范畴主要关注预期变革是如何发生和演进的。在具体研究中,学者关注的是组织内部变革所采用的策略与员工认知、态度和行为之间的关系。具有代表性的是 Lewin 提出的三阶段变革模型[35]和 Kotter 的八步骤变革模型[9]。

(1)Lewin 的三阶段变革模型

Lewin 认为组织是一个受驱动力和抵制力交互影响所形成的平衡体,其中驱动力包括竞争压力、新技术的引进、流程创新等,抵制力包括组织管理、旧有文化、保守思想等。当两种力量处于均衡状态时,组织表现出惯性状态,反之组织变革就发生了。一个成功的变革过程,就是推动组织达到所期望的新平衡状态。基于上述观点,Lewin 提出了"解冻—变革—再冻结"的三阶段变革模型

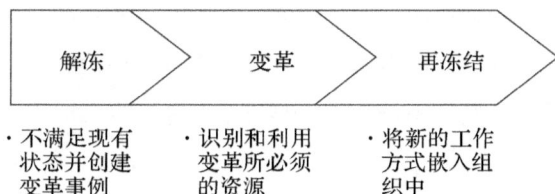

解冻	变革	再冻结
·不满足现有状态并创建变革事例	·识别和利用变革所必须的资源	·将新的工作方式嵌入组织中

图 2.3　三阶段变革模型

(见图2.3)。[35] Hendry认为,组织变革的所有过程模型都可以简化成Lewin的三阶段变革模型。[36]在变革的不同阶段,组织任务有所不同。在解冻阶段,组织需要通过宣导、团队建设、支持培训等措施打破原先的动态平衡状态。Hendry认为解冻是一个重要的心理过程,其关键在于从组织的各个层面达成"组织需要变革"的共识。在变革阶段,组织需要通过结构调整、流程再造等方式使组织从旧的运作模式转向新的运作模式。[36] Lewin认为变革是一个认知和学习的过程,组织需要通过树立典型、专家指导、团队培训等多种途径为员工提供新的视角、新的信息和新的行为模式。在再冻结阶段,组织寻求变革之后的动态平衡,目的是制度化新的行为。Lewin认为成功的变革是一个群体的活动,除非群体的规范和路径发生了变化,不然个体行为的改变是暂时的。在组织层面,再冻结往往需要改变组织的实践、政策、规范或文化,并使得变革举措内化成组织的制度和员工的行为习惯,保证新状态的稳定性。

(2)Kotter的八步骤变革模型

Kotter在研究企业变革案例时,发现70%的变革以失败告终,只有不到10%的变革能够获得成功。在深度研究这10%的成功案例后,他在《哈佛商学评论》杂志上提出,高层领导者需要八个步骤来实施组织变革。这八个步骤分别为:①分析外部环境和竞争现实,识别出潜在危机和主要机遇,建立真正的变革紧迫感;②培养强有力的变革指导小组,鼓励他们进行团队合作;③形成能指引变革的愿景,并通过实施战略去完成它;④利用每一次机会沟通上述愿景和战略,树立典型来引导期望的行为;⑤改变不再适用的组织结构,授权员工去实现新颖的想法;⑥设立可测量的指标来评估变革进展,并奖励在变革中取得成绩的员工;⑦进一步巩固、改进与新战略不一致的组织系统、结构和政策;⑧建立变革活动和组织成功之间的联系,并制度化新的期望行为。[7]

这八个步骤的核心在于改变旧有的行为,并通过一些戏剧性的、令人难忘的场景,使领导者和员工发现组织中存在的问题并寻找相应的解决方案。不同于Lewin的三阶段模型,Kotter认为变革的基调是"目睹—感受—变革",而不是"分析—思维—变革"。

2.1.1.5 中国文化背景下的组织变革模型:基于情境、内容和过程的整合模型

情境嵌入(contextualization)这一研究思想已经成为组织与管理当前研究

的主要趋势之一。[37-39] Jing、Van de Ven 基于中国特定的文化背景探讨了变革情境、变革过程和变革行动,并通过对成都公交集团的案例研究建立了中国本土化情境下的组织变革模型。[39] 同时,Van de Ven、Poole 指出任何单一的组织变革模型都有自己的优点和缺点,都不能完全解释各种情境下的组织变革过程。[25] 而 Jing、Van de Ven 基于中国文化背景的变革模型有效地整合了变革的情境、内涵和过程范畴(见图 2.4)。[39]

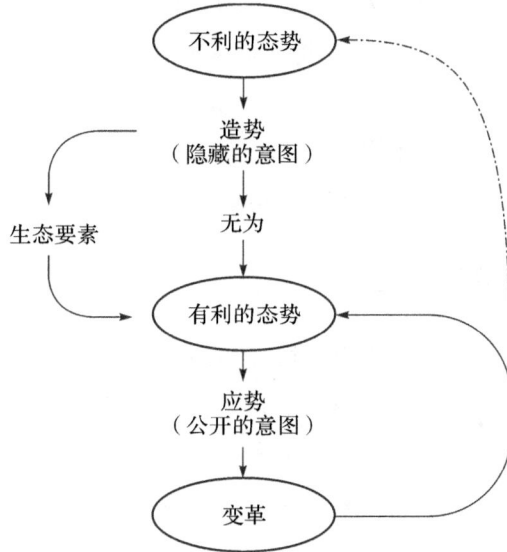

图 2.4　基于中国文化背景的组织变革模型

Jing、Van de Ven 基于中国文化背景探讨了变革情境、变革过程和变革行动。[39] 该模型强调"势"的重要作用、"应势"和"造势"的行动策略和"无为"的辩证性。为了成功实施变革,变革代理人在执行变革措施时必须考虑可能对组织内部活动造成影响的外部环境。在分析组织所面临的环境时,变革代理人需要意识到环境变异的可能模式,并识别最有效的应对举措。当环境变异的具体规律被察觉时,变革代理人应该"顺势"将应对举措付诸实践。通过有意识的"造势"行动,变革代理人可以使环境变得有助于实现所期望的变革。[40] 这一模型视组织变革为一个持续的、周期性的多水平过程。一方面,变革是缓慢出现的持续过程,某一阶段的"势"会影响另一阶段的结果,反映了"势"的重要作用。另一方面,变革是一个多水平的过程。大多数的组织问题是由嵌入到组织内外部环境中的复杂因素引起的。根据开放系统理论,高阶系统的变化会影响比它低阶的系统,导致问题难以被识别。因此,在研究变革问题时必须考量其情境因素。

在实践中,Jing、Van de Ven 的模型强调持续变革过程中基于"势"的重要性。[39]相比于突变式变革,变革代理人不仅仅是持续变革的推动者,而且还是应用"势"的重要角色。当面临"失势"的环境时,变革代理人通过"造势"的策略改变环境要素,使其改变的方向与组织当前状态的"势"保持一致。当"失势"转化为"得势"时,变革管理者可以采用"应势"策略迅速地引导变革方向并取得期望的组织结果。在持续变革过程中,变革常常是复杂而又模糊的,因此变革代理人必须将过程分解成众多连续的过程。在每一个阶段,变革行动所取得的结果都有可能转化为下一阶段的"势"。因此,要成功实施整个变革过程,需要在每一个阶段保持行动和"势"之间的微妙平衡。

2.1.2　组织转型理论

先前的研究围绕组织变革的过程、内容和情境进行了充分的探索,并产生了许多有价值的理论和框架,为认识和理解组织变革与领导力提供了丰富的理论启示。本书聚焦数字技术背景下的企业转型问题,接下来将回顾与组织转型相关的概念和模型,从而更加深入地理解特定背景下组织变革的过程、内容和动力机制。

最近几年,转型一直是中国经济调整、促进发展的主题之一,同时也是中国管理领域的重大实践问题。"转型"一词对应英语中的"transformation",解释为行为或状态方面的显著改变。当外部环境变化剧烈或者面临发展瓶颈时,企业可以通过进入新产业、创办新公司、国际化、兼并收购、开发新产品或开展新业务等战略性调整方式积极探索转型的方向。在转型相关的研究中,学者最初是从产业转型视角进行分析的。Porter 的五力模型认为企业的长期竞争优势与是否处在具有赢利能力的产业密切相关,因此需要时刻警觉外部的环境变化。[41]当原有产业难以为企业提供足够的成长空间时,组织可以通过自身的多源关注、交互洞察和前瞻判断等方式寻找环境中的新兴机会。[42]

后来,组织管理领域的学者开始从较为微观的层面,即组织变革的视角来理解企业转型。一些学者把转型与变革当作含义相同的概念,认为这两种组织行为都是为了使企业具有更强的竞争力或更好的绩效。也有一些学者认为两者具有不同的概念内涵,例如 Ertmer 提出了一个两阶变革模型来区别组织变革和组织转型。他认为基于原有框架的渐进性改变、调整和修正称为组织变革,而打破原有框架和基础进行重新定义才能称为组织转型。[43]Levy、Merry 进一步将转型定义为多维度、大规模和全方位的非线性变革,强调转型是根本性的改变。[44]目前,学者在企业转型的内涵方面取得共识并将其与变革进行区分,认为企业转型是组织应对外部商业环境的剧烈变革,在价值观、管理理念与管理思维模式上的彻底改造,是涉及战略、结构、文化和运行机制的范式变换。类似地,国内学者曾庆丰从内涵归属、表现形式和变革程度三个方面对组织变革和组织转型进行了区分。[45]

企业组织转型在不同年代具有不同的类型表现(见图 2.5)。例如:全面质量管理[46,47],主要是研究企业如何通过实施 TQM 项目进行组织转型;业务流程重组,主要目的在于成本、质量和速度等方面的大幅度优化;企业的信息化建设,强调通过信息化途径实现组织的转型。而最近,以数字技术为核心的信息技术触发了整个社会的变革。与以往转型类型相比,数字化转型规模更大,且过程更为复杂,是企业从未遇到过的新挑战和新机遇。[48]一些企业通过实施数字化转型获得了前所未有的竞争优势,因此数字化转型逐渐成为组织研究领域的关注焦点。这些组织转型类型共同说明了一点:企业的全面转型更有可能带来可持续的发展优势。因此,本书认为组织转型比组织变革更能准确地匹配本书的研究背景。

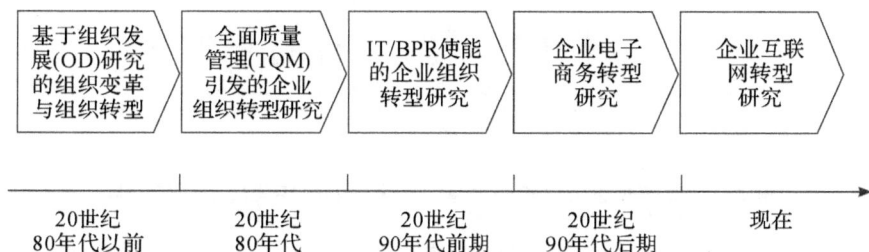

图 2.5 企业组织转型研究的历史沿革

2.1.3 数字化转型理论

2000 年,普华永道公司和卡内基梅隆大学基于"顾客导向"和"供应链导向"

两个维度构建了一个评价企业数字化转型成熟度的模型(见图2.6)。具体地,其将顾客导向维度划分为五个水平,从低到高依次为在线展示、在线商务、整合在线商务、完全整合在线商务和持续演化。对于最低水平的在线展示,企业只需开发一个静态页面的公司网址,或者采用电子邮件、微信等基础性的内部沟通方式;对于最高水平的持续演化,企业通过"主动重构"的方式不断将数字技术的先进技术和思维方式内化成组织的商业模式与运营流程。供应链导向分为四个水平,从低到高依次为渠道增强、价值链整合、价值链转型和行业转型。对于最低水平的渠道增强,企业通过数字技术这一新的市场渠道宣传或销售公司产品和服务;对于最高水平的行业转型,企业通过跨行业的技术共享和战略合作等融合方式,为顾客提供全新的产品和服务。

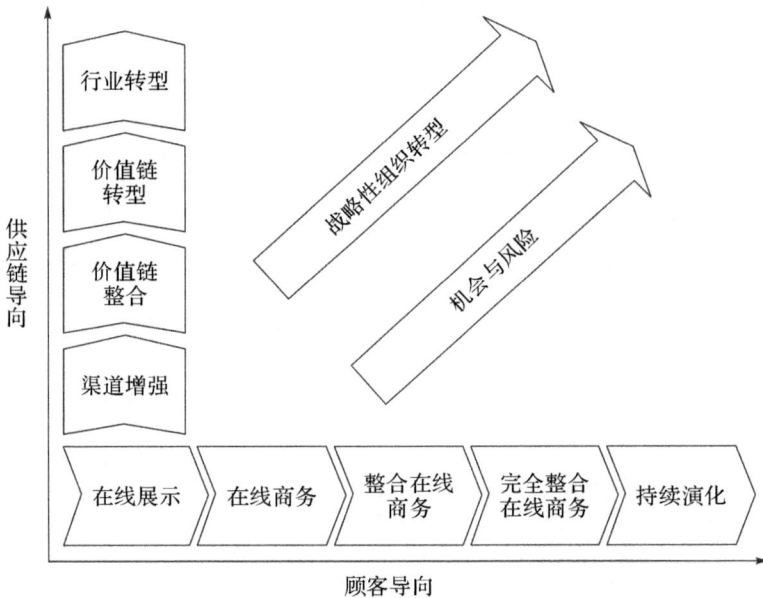

图2.6 普华永道公司和卡内基梅隆大学的数字化转型评价模型

IBM公司通过对多个行业的调研,提出企业在数字技术环境下面临的五种重要情境因素,即连通性、可用性、互动性、数字化和注意力效用,并基于这五种特征提出了数字化转型的三阶段模型。在第一阶段,企业主要利用数字技术优化内部运作流程,其主要目的在于提升效率和削减成本;在第二阶段,企业通过数字技术实现跨组织的价值链再塑,不断创造新的商务模式;在第三阶段,企业传统的运作流程、商业模式和战略目标与数字技术全面融合,企业通过数字技术实现合作伙伴、供应商和客户的全面无缝连接,并获得了巨大的竞争优势。

Zhu、Kraemer、Xu 基于创新扩散理论构建了组织数字化转型的三阶段过程模型:启动、采用和常规化。[49] 在启动阶段,组织关注数字化转型的潜在价值以及组织或个体的准备程度;在采用阶段,组织关注数字化转型的决策过程;在常规化阶段,组织关注数字化转型的具体实施过程,通过绩效考核等方式监督数字化转型的各个阶段(见图 2.7)。

图 2.7 基于创新扩散理论的数字化转型模型

2.1.4 数字化转型与创业研究

企业的数字化转型是涉及公司策略、运营、组织架构和合作关系的多维度、大规模、全方位性的组织变革。在实践中,数字化转型已经成为许多成熟企业追求可持续发展的公司创业举措。

自从 Miller 在 1983 年提出公司创业(corporate entrepreneurship)这一概念以来,学者们逐渐认识到它可以作为扩大公司竞争优势、改善公司经营现状并实现可持续成长的一种重要手段。Zahra 从战略视角出发,将公司创业定义为"现有组织在其自身内部建立新的事业单元或者更新现有企业的过程"。[50] Burgelman 从资源角度出发,认为公司创业是指通过资源的重新配置来持续地、有意识地发掘机会并拓展竞争领域的过程。[51]Covin、Miles 则基于创新的视角,提出了"创新是所有形式公司创业的唯一共同属性"这一观点。[52]目前学界广泛使用 Ireland 等对公司创业的定义,将其定义为"一种愿景驱动的、组织层面的创业行为,其目的是使组织持续地、有目的地年轻化以及通过创业机会识别和开发来塑造其业务范围"[53]。基于上述对公司创业的内涵界定,本书认为数字化转型是涉及组织更新、资源再配置、机会开发和利用的创新过程,是公司创业在实践中的一种策略选择。

在聚焦组织水平的公司创业研究中,学者认为存在两种类型的创业:公司风险投资和战略型创业。其中,战略型创业研究中通常考虑两类问题:第一,与自身相比,企业在多大程度上改变了产品、市场和内部过程;第二,与行业标准相比,企业在多大程度上改变了自身的产品、市场和内部过程。具体表现在以下五个方面:战略更新(实施新的战略)、持续再造(在现有产品分类中引入新的产品)、领域再定义(重新配置现有产品或市场分类)、组织复兴(在企业内部聚焦策略改进的管理创新)和商业模式重构(重新设计现有的赢利模式)。对于数字化转型实践,企业通常有以下三种做法:第一,开发新渠道,线上业务往往向线下妥协,只作为线下的补充而存在,而且运营上往往是借助各类平台进入电商;第二,拓展新业务,这种定位相对投入大,运营上一般采取独立“B2C＋进驻平台＋授权网络分销”等方式进驻电商;第三,定位新模式,这类创业企业把数字技术创新业务作为公司发展的新战略,而不是线下业务的补充。由此可见,数字化转型更偏向公司创业中的战略型创业,是一种战略导向的公司创业行动。

2.1.5　小结

基于上述分析,本书这样定义企业的数字化转型:在移动互联网、大数据、云计算等信息技术不断发展的背景下,企业借助数字技术和工具进行的组织变革与公司创业行动。此外,通过回顾组织变革、组织转型以及数字化转型等概念,本书发现目前关于组织变革的研究领域已经形成了比较完善的理论和模型,而且学界对组织变革和组织转型之间的概念辨析也取得了初步的一致意见。另外,通过对数字化转型理论的回顾,本书发现数字技术的独特情境为组织转型带来了新的特征。这些理论上所取得的进展不仅有利于提取数字化转型的情境特征,而且为进一步理解领导力在变革过程中的重要性提供了理论背景和基础。

2.2　组织变革和领导力理论

根据美国管理学会(American Management Association)的调查结果,领导力对组织变革成功与否的影响是最重要的,其次才是共同价值观、组织沟通、教育培训和团队建设(见表 2.1)。Hooper、Potter 指出,高层管理者的变革领导力意味着"形成对未来的愿景,并规划策略来将愿景转化为现实,并保证组织中的所有成员在变革过程中朝着相同的目标前进"。[54]这一过程中的挑战在于,领导者需要保证组织成员能够适应变革,并且清晰地意识到组织目前以及未来应该所处的状态。

表 2.1　变革成功的五大要素

要素	认为重要的比例
领导力	92%
共同价值观	84%
组织沟通	75%
教育培训	64%
团队建设	58%

2.2.1　组织变革背景下的领导力研究

2.2.1.1 组织变革和领导力的研究视角

组织变革和领导力有三种研究视角[55],分别为变革方式[56]、变革行为[57]和变革活动[58]。

(1)变革方式

Higgs、Rowland 认为领导者对变革的观点、方向或方式会影响变革过程。[56]例如,Kavanagh、Ashkanasy 在研究所大学不同部门合并过程中的变革领导力时识别出三种类型的变革方式:立即型(在较短的时间内迅速完成变革)、循序渐进型(在较长的时间内逐渐实施变革)、放任型(在较长的时间内不采取任何行动)。[59]三所大学在部门合并过程中采取的不同方式反映了学校领导者不同的变革领导力。

(2)变革行为

第二种变革过程中的领导力研究关注的是特定行为和组织变革之间的关系。在这些研究中,研究者要么是通过传统的领导力研究来识别特定的相关行为,要么是识别那些特定的与变革相关的行为。[56]前者的一个基本假设是:领导行为在多个情境中具有相对稳定性,而其中某些特定类型的领导风格在变革情境中更加有效。[57]例如 Bass 提出变革型领导在领导变革过程中比交易型领导更加有效。[60]而关注后者的学者认为,与变革相关的特定领导行为在不同的时间段或者不同的变革情境下并不是一成不变的。例如,Higgs、Rowland 基于因素分析的方法识别出与变革相关的三类特定领导行为:塑造行为、构建变革和培养能力。[56]

(3)变革活动

第三种研究视角是从特定的变革活动、步骤或者实践关注变革过程中的领导力。比如,变革管理文献认为愿景沟通与变革成功与否密切相关。[61]不同于传统领导力的研究,变革管理的相关文献认为任何风格的领导力,只要能恰当地推进特定的变革实践,变革就有可能成功[57]。研究中已经识别出一些有效的变革活动,如员工培训、有效的激励体系、让员工参与决策以及鼓励团队工作等。[62]此外,沟通(如愿景沟通、变革需求沟通)、调动(如寻求和利用他人的帮助与资源)和评估(如使用正式的测量系统评估变革带来的影响)也被认为是特定的变革活动。[58]Ford、Ford 认为领导行为和领导变革活动之间的差异非常小,在某些情况下活动和行为甚至是可以互换的。两者之间的差异主要体现在实施活动的主体,前者一般指处于领导职位的个体,后者可以指处于任何职位的变革代理。[55]

2.2.1.2 组织变革和领导力的实证研究

虽然许多变革文献侧重与变革执行过程相关的主题,但是越来越多的学者开始关注领导力在变革实施中的重要作用。[61,63]领导行为作为组织变革的关键要素一直都是实践和研究的焦点,同时也涌现了大量的关于组织变革的领导理论。越来越多的研究表明领导者对组织变革的成功与否有显著影响。在领导力领域,Avolio、Walumbwa、Weber 呼吁学者更多关注不同情境下的领导力作用模型[64],尤其是变革背景[63,65]。哈佛教授的"Leading change: Why transformation efforts fail"[7]和"Leading change"[61]是目前被引用最多的关于领导力与组织变革的研究。为了阐明组织变革是可以被领导的,Kotter 在 1995 年基于多年咨询行业经验提出了领导者在组织变革过程中常犯的八类错误,并在 1996 年发表的文章中针对这些错误提出了能够促进变革成功的最佳实践。

以往有大量的研究从组织层面探讨组织变革的领导行为。例如,Ulrich、Yeung 发现在组织变革下的有效领导行为包含了三个方面的内容:在组织层面思考问题、推进变革的战略执行以及培育相应的能力。[66]除了对领导作用的一般性描述,Higgs、Rowland 在领导行为与具体的变革执行活动之间建立了联系,归纳出了五类与成功实施变革相关的领导能力:创造成功的变革事例,使员工认识到变革对组织的必要性;建立结构化变化,确保是在对问题的深层次理解基础上提出组织变革,并且有一系列的方法和过程保障;促使员工全程参与变革且建立变革承诺,确保变革的实施和可持续性;提出有效的计划并监督和评估实施过程;促进和开发能力,鼓励遇到困难的员工寻找新的解决方案。[67]

很多实证证据也显示变革过程中的领导力显著影响变革结果。[7,61,67] Higgs、Rowland 通过 70 个变革案例探究了不同情境下领导行为和变革成功之间的关系,最终归纳出三类重要的领导行为:塑造行为、改变框架和培育能力。[56]其中,塑造行为指与变革沟通和行动直接相关的领导行为:"提升责任意识""思考变革意义"和"促进工作专注";改变框架指建立变革的出发点,即"设计和管理变革过程"以及"沟通组织变革的准则";培育能力是指领导者培养和发展个体与组织完成变革任务所需的能力。两位作者通过分析,发现以领导者为中心的行为(例如塑造行为)在 70 个案例情境中对变革成功都是起阻碍作用,这一结论与众多学者对领导者特质理论的批判是一致的。[64,68,69]增加团队和系统聚焦的行为(如改变框架和培育能力)在大多数案例情境中促进了变革成功,这一结论与众多的领导理论是相一致的,例如真诚型领导理论[70-72]中,领导者通过澄清和培育等行为提高员工对目标的承诺度。当 Higgs、Rowland 进一步探索领导行为和变革方式之间的关系时,发现塑造行为更多地与简单的变革方式相联系,而改变框架和培育能力更多地出现在那些认识到变革是一个复杂现象的变革方式中。[56]

还有一些学者指出变革情境下的领导行为研究缺乏实证研究支持。[13,73] Bass 提出的变革型领导模型已经成为研究的热点。[74]这一类的研究的确在领导者行为与诸多下属行为和绩效指标之间建立了广泛的联系。[69,75]但是,变革型领导研究往往忽视了变革管理。Eisenbach、Watson、Pillai 通过回顾组织变革领域和领导力领域的文献,指出这两个领域可以通过变革型领导理论进行有效的结合。[73]事实上,Bass 发现了变革型领导对有效推进组织变革的重要作用:变革型领导的维度之一"理想化影响"表达了领导者向下属描绘变革的美好未来和实现路径。[76]

2.2.2 变革型领导：跨情境的内涵来源

总的来说，领导力和组织变革之间的关系已经被普通认可。[77-79]但是Parry和Ford、Ford也指出，学者对两者关系的性质、实践以及影响缺乏实证研究。[55,79]之所以选择变革型领导(transformational leadership)作为本书的重要理论基础，主要有两方面的考量：第一，学界一直以来都对变革情境中的领导力有着广泛的兴趣和热情，而变革型领导是其中最为广泛使用的一个概念；第二，诸多研究证据表明，变革型领导作为一个多层次的概念，能够有效地解释变革过程中的个体和团队过程。[80]此外，本书发现基于双层视角来探讨变革型领导的概念、构成和作用机制是目前的研究热点与未来的研究趋势。

2.2.2.1 变革型领导的理论发展

Bass这样定义变革型领导：领导者通过灌输思想和道德价值观来改变下属的态度、信念和行为，并让其意识到所承担工作意义的激励过程，其目的在于激发下属追求更高阶的目标或促使下属为实现组织目标付出更多的努力。[81]Avolio和Bass进一步指出变革型领导包含了四种类型的行为：扩大下属的高阶成就需求(理想化影响)；激励下属为了集体利益而牺牲个人利益(鼓舞性激励)；促进下属的个性化发展(个性关怀)；鼓励员工采用新的方式解决问题(智力激发)。[82,83]后续的研究也都证实了变革型领导能够显著影响许多个体和团队水平的结果变量。[69,80,84]

该理论早期关注变革型领导对个体员工的影响[81,85]，其核心假设认为领导者对不同的员工会表现出差异化的行为。逐渐地，一些学者在研究中视变革型领导为一个团队层次概念，强调员工共同感知到的领导行为。[86]虽然两种视角下的变革型领导受到了诸多关注，但是很少有学者从概念上整合这两种视角。

同时，Schriesheim、Wu、Scandura发现基于多因素领导问卷的变革型领导题项在设计时缺乏明确的参照目标，导致学者在具体应用时存在分析水平模糊等问题(例如，"充满信心地表示目标将会被完成"究竟是属于个体水平还是团队水平)。[87]在具体应用时，被试可能会参照个体情境对具有团队属性的维度题项做出回答，或者参照团队情境来回答具有个体属性的概念维度题项，这一混淆严重影响了变革型领导的研究信度。因此,在理论上明晰变革领导力的分析水平以及在方法上确保测量一致性对该理论的发展至关重要。

2.2.2.2 变革型领导的双层模型

在变革型领导理论中,学者已经从不同的理论视角深入地探讨了它与许多个体、团队和组织层面的结果变量之间的关系。[69]然而从概念的发展来看,早期理论更多的是将变革型领导界定为一个包含四个维度的整体性构思,很少有学者进一步研究它在个体和团队方面的差异。Kark 等最早提出了变革型领导理论的双层概念,并提出了个体聚焦的和团队聚焦的变革型领导。[88] Schriesheim、Wu、Scandura 通过实证研究对其层面划分进行了测量,发现 Kark 等的双层归类具有高水平的区分效度、稳定性和信度。[87]

类似地,Wang、Howell 以及 Wu、Tsui、Kinicki 等学者认为变革型领导的四个维度是一个双层模型:个体聚焦的变革型领导和团队聚焦的变革型领导。[89,95]个体聚焦的变革型领导认为团队中的每一个成员都是独一无二的,因此团队中的所有成员并不会对领导力的有效性形成共享的感知,需要区别对待。[91]学者进一步提出了个体聚焦变革型领导的两类行为:一类是为每一个下属提供个性支持,通过培训和授权激发下属的全部潜能;另一类是通过挑战下属现有的工作方式来改变其问题意识。[90,92]团队聚焦的变革型领导视群体为一个整体并且以相同的方式对待群体中的每个成员[93],因此所有团队成员很可能对他们的领导者具有共同的感知[94]。同理,学者进一步提出了团队聚焦变革型领导的两类行为:一类是阐述新的、引人注目的愿景并将其与整个团队进行沟通;另一类是将愿景内化成整个团队的信念和价值观。关于变革型领导的维度与双层模型之间的关系:理想化激励和鼓舞性激励两个维度强调领导者对整个群体展现类似的行为,因而被归为团队聚焦的变革型领导;个性关怀和智力激发则指相同的领导者采用不同的行为来解决群体内个体成员的差异化需求,因而被归为个体聚焦的变革型领导。从已有文献来看,双层模型的变革型领导正成为组织变革背景下领导力研究的热点和最新趋势。[90,95,96]

变革型领导的双层模型一经提出,便受到了学术界的关注,原因主要有三个方面:第一,在现实工作中,个体领导行为和团队领导行为通常共存于同一组织内,因此该模型在揭示变革型领导与个体和团队产出结果方面更为全面。[88]

第二,维度偏差导致测量不精准。虽然许多实证研究已经证实了变革型领导的有效性,但是它所包含的四个维度部分重叠并且高度相关,被试可以参考不同层面来回答量表题项[87],因此双层模型为探讨变革型领导的跨层效应以及认识变革型领导提供了新视角。第三,随着团队逐渐成为组织活动的重要基本单位,当今许多领导者面临着如何平衡个体和团队的难题。但是传统研究并没有清晰地区分"个体-领导"和"团队-领导"的互动关系,变革型领导的双层模型有助于更多学者深入研究这两个水平之间的互动和联系,从而拓宽变革型领导理论的解释范围。[97]

2.2.2.3 基于双层模型的实证研究

为了进一步验证变革型领导的双层结构,To、Herman、Ashkanasy 在 Bass 等的基础上验证了变革型领导力的双层结构。[95]而 Zhang 等在中国文化背景下的验证性研究也得出了非常类似的结果。[98]

在理论方面,Zhang 等从高阶理论和团队领导力视角出发,以中国电信国有企业的 101 家子公司高管团队为样本来源,探究了基于双层模型的变革型领导与领导有效性之间的关系。研究结果显示,子公司 CEO 的团队聚焦变革型领导能够显著地提升企业绩效,而个体聚焦的变革型领导由于破坏了高管团队内的权力构成,导致了团队有效性和企业绩效的降低。[98]

Li 等基于变革型领导的双层模型和知识分享理论,研究了变革型领导、团队文化、领导—下属交换和员工知识分享行为之间的关系。通过分析 5 家公司 71 个工作团队的 275 名员工样本,发现团队聚焦和个体聚焦的变革型领导都可以显著促进员工的知识分享行为。[99]

Wang、Howell 以 1 家涉及多个产业的加拿大公司为数据来源,收集了 60 位团队领导和他们所属部门 200 名员工的数据样本,并以此为基础检验了变革型领导的双层模型在各自层面对绩效的影响过程,以及团队聚焦的变革型领导对员工个体绩效的跨层影响过程。研究结果显示,个体聚焦的变革型领导通过员工的领导者认同影响个体的心理授权,而团队聚焦的变革型领导则通过所有员工的团队认同对整个团队的集体效能感产生积极影响。[96]此外,跨层分析结果也证实了两位研究者的理论设想,即团队聚焦的变革型领导通过团队认同影响个体层面的员工心理授权。Wu、Tsui、Kinicki 的研究结果也得出了类似结论。[90]

2.2.2.4　变革型领导的组织视角

一些研究也证实了组织层面的变革型领导有效地促进了组织的成功[100]，但是从组织视角来研究变革领导还处于起步阶段，研究成果较少[101]。Waldman、Javidan、Varella 对变革型领导的理论进行系统归纳和梳理后也发现，多数学者是从个体或团队层面展开研究，建议未来研究应该从组织层面来探讨高层管理者的变革型领导对整个组织的影响。[102]

最先将变革型领导行为应用于组织层面进行实证研究的学者是 Howell 和 Avolio。两位学者在分析了 78 名 CEO 研究对象后，发现变革型 CEO 通过榜样效应和愿景激励的凝聚效应来提升组织内全体员工的凝聚力与协作性，并最终提升所在组织的绩效水平。Choudhary、Akhtar、Zaheer 以巴基斯坦的 155 家私营企业为数据来源对比了两种领导类型——变革型领导和服务型领导，发现变革型领导对组织学习的影响效应要大于服务型领导。[103]

Menguc、Auh、Shih 的研究更进一步，他们发现变革型领导对组织绩效的影响作用是通过中介变量市场导向来提升单位的差异化竞争优势来实现的。[104]Aragón-Correa、García-Morales、Cordón-Pozo 持类似的观点，认为变革型领导与组织绩效之间存在复杂的中介过程，它通过影响组织的知识管理过程和组织学习过程，以及提高组织的吸收能力和组织创新水平来影响组织绩效。[105]国内学者的诸多研究也支持上述观点，例如鞠芳辉、谢子远、宝贡敏分析了民营企业高层管理者的变革型领导行为对组织绩效的影响过程，发现变革型领导行为是通过员工的认知信任来影响组织承诺与上下属沟通，并进而影响组织绩效。[106]王飞绒、陈文兵从领导风格、组织学习与企业技术创新绩效的关系入手，提出了两种领导风格(交易型和变革型)通过组织学习进而影响组织技术创新绩效的概念模型，研究结果显示变革型领导风格的智力激发、鼓舞性激励对创新绩效有积极的影响，且组织学习在两种领导风格与创新绩效之间都起到了完全中介作用。[107]吴泽俊、杨铖、胡杨成在高校管理情境下以组织创新为中介变量，构建了变革型领导与高校组织绩效的理论模型。研究结果表明，虽然变革型领导对高校组织绩效的直接影响不显著，但可以通过组织创新对高校组织绩效产生正向影响。[108]

也有一些学者将变革型领导作为一种重要的调节变量。例如，Engelen 等基于资源理论和高阶视角探索了企业高管团队的变革领导力在创业导向与组织绩效之间的调节作用。研究样本来自6个国家的790家中小型企业，研究结果显示变革型领导的四类行为（愿景激励、树立榜样、高绩效期望和个人支持）都正向调节了创业导向和组织绩效之间的关系，而且变革型领导的水平越高，越能促进两者之间的关系。[109] 更值得注意的是，一些学者认为组织层面的变革型领导只有在危机情境下才能发挥作用，在通常情境下其领导效应并不明显。例如，Ensley、Pearce、Hmieleski 以66家新创企业的 CEO 为研究对象进行研究后发现，CEO 的变革型领导行为对组织绩效的影响是负向的，但是当组织处于动态环境中时，它对组织绩效的影响却是正向的。[110]

2.2.3 变革领导力：特定情境的内涵延伸

2.2.3.1 变革领导力的研究分类

Gibb 认为领导力是在任何群体内都会存在的一种互动的现象，这种现象可能发生在一个人身上，也有可能发生在多个人身上。[111] Gronn 基于 Gibb 观点提出了两种类型的变革领导力（change leadership）：集中式变革领导力和共享分布式变革领导力。[112]

集中式领导力是目前领导力研究最广泛的一个领域[57,58,62,113]。在集中式变革领导力一类的研究中，所有的研究焦点都集中在处于领导位置的某一个体上，变革过程的成功与否完全取决于个体。而共享分布式领导力是指涉及两人及以上的领导行为，比如集体领导力[114]、团队领导力[110,115]、领导力实践[116]。Yukl 认为当组织呈现共享分布式变革领导时，组织不再需要某一个特定的个体去执行所有的变革活动，变革过程中的重要决策可能被分配给不同的个体在不同的时点去执行。[15]

2.2.3.2 "任务导向-关系导向"分析框架下的变革领导力

本书在构思数字化转型背景下的变革领导力时采用了任务导向和关系导向这一经典的领导力分析框架。在传统的领导力分析框架中，任务导向的行为指与组织目标或变革活动相关的组织结构、设计和控制等活动。[117,118] 关系导向的活动则包括了鼓励组织成员相互合作、建立支持性文化氛围和发展员工技能。[94] Nadler、Tushman 强调任务导向行为和关系导向行为对组织变革有十分重要的影响。[119]类似地,Beer、Nohria 提出了任务导向的"E 模型"和关系导向的"O 模型",认为不同的领导者在变革实施过程中会表现出不同的行为模型。[120]虽然"任务导向-关系导向"模型早在 20 世纪 50 年代就已经提出,但是近期的实证研究发现,该理论模型在解释领导有效性方面仍然具有很强的预测力。[69,121]

Higgs、Rowland 在分析变革案例时识别出三类领导行为:塑造行为、启动变革和培养能力。[56]其中:塑造行为过程是指以领导为中心的,为了推进变革对员工进行说服和影响,员工很少参与的一个过程,因此属于任务导向的行为范畴;启动变革的过程包括了设计和管理整个变革过程并沟通变革的指导原则,同时包含了任务导向和关系导向;培养能力涉及开发和建立新的联系,因此属于关系导向。因此,这三类领导行为可以被看作是仅任务导向、同时包含任务导向和关系导向以及仅关系导向。基于这样的领导行为分类,Higgs、Rowland发现任务导向的领导行为与管理者报告的变革绩效成反比,关系导向的领导行为与变革绩效正相关,同时包含两类行为的则与变革成功之间不存在显著关系。[56]

Herold 等研究了变革领导力与员工变革承诺之间的关系,研究显示变革领导力行为显著影响员工的情感承诺。[57]Yukl 认为变革型领导力同时包含了关系导向和任务导向的行为[15],因此 Herold 等的研究暗示着包含这两类行为的变革领导力将与变革成功与否密切相关[57]。另外,Oreg、Berson 发现关系导向和任务导向都强的领导行为能有效地削弱员工对变革的抵制意愿。[113]

Gilley、McMillan、Gilley 发现变革实施的有效性和四类特定的领导行为有关:鼓励员工、与员工进行有效的沟通、鼓励团队合作以及进行相应的员工培训。[62]这四种行为大多是关系导向的,虽然该研究并没有采用客观的变革结果来进行测量,我们并不清楚员工报告的变革结果与实际变革结果之间的关系,但是我们可以推理关系导向的领导行为与员工评价的变革有效性相关。

Wren、Dulewicz 在研究英国皇家空军的案例中探索了变革领导行为与变革成功(下属评价变革多大程度上达到了目标)之间的关系。他们发现,变革领导力中最有效的行为要么是任务相关的,要么是关系相关的。例如,资源管理属于任务导向,参与沟通和授权属于关系导向。[122]

2.2.4 变革型领导与变革领导力的区别和联系

变革型领导和变革领导力都是在组织变革背景下产生的与领导力相关的概念,是本书数字情境下变革领导力概念的重要理论基础。Bass 提出的变革型领导是指组织领导者通过追求更高的理想和道德价值促使员工产生高水平承诺与积极性的过程,变革型领导能够激发员工高层次的需要,唤醒员工的潜能,鼓励员工之间建立相互信任的氛围,并最终促使团队和组织取得超越预期的绩效。而 Hooper、Potter 认为变革领导力是高层领导者建立对未来的愿景,制定战略去实现该愿景,并确保组织中的每个人为了这个共同的目标而努力的过程,而这种过程,很明显是必须在较高的群体或组织水平才能完成的。[54]

国内学者唐琳琳也从概念的作用对象和发生过程两方面区分了变革型领导力与变革领导力。[23]一方面,从作用对象上来看,变革型领导侧重领导者与企业员工之间的良性互动,而变革领导力的作用对象是变革中的组织,是为了有效促进和推动组织变革进程而存在的。另一方面,从概念的发生过程上看,变革领导力是一个情境依赖的概念,它在组织变革的不同阶段呈现出不同的形式。而变革型领导是一种向员工灌输思想和价值观的领导行为,它更多是一种激励员工的过程,具有普遍意义。[123]

还有一些学者尝试区分基于大量传统领导力文献的领导力[64,117,124,125]和基于变革管理文献的变革领导力[61]。他们认为,变革领导力专指变革执行过程中的特定行为,具有周期性和短暂性的特点,而一般领导力指跨情境下的日常领导行为[125],因此更加频繁和稳定[126]。Herold 等率先从实证角度区分了变革型领导(transformational leadership)和变革领导力(change leadership)。[57]他们认为:变革领导力关注的是较短时间跨度内发生的组织变革活动,因此是策略导向的;变革型领导关注的是领导者与下属之间基于长期战略目标所形成的稳定关系,具有跨情境的特点。他们通过调研 30 个组织内的 343 名员工,发现变革型领导比变革领导力更能预测下属的变革承诺,尤其是在变革会对员工产生重要影响时。而对于非变革型的领导者,若能在具体的变革中有意识地实施变革领导行为,则下属会呈现出较强的变革承诺。

2.2.5　小结

综上所述,关于组织变革和领导力的现有研究主要有两种思路,第一种思路关注通用组织情境下,侧重于员工互动的领导行为——变革型领导,第二种思路关注与特定情境与变革进程相关的领导行为——变革领导力,两种思路为建构变革领导力的内涵奠定了理论基础。在具体操作中,本书将基于企业数字化转型背景,同时整合变革型领导的双层模型和变革领导力的"任务导向-关系导向"分析框架,提出变革领导力的四维度概念模型。

2.3　变革领导力的前因变量和作用机制

2.3.1　影响因素

相比较于其他研究,组织行为研究往往会忽略更宏观的组织因素对特定个体或者团队的影响。这些领域包括动机、沟通、团队以及本书关注的焦点——领导力。Porter、McLaughlin 指出,微观领域的组织行为研究最缺乏的是对各类行为发生所处的"组织情境"缺乏足够的关注。[127]不过随着变革型领导这一概念成为领导力研究的主流,越来越多的学者认识到组织情境的必要性及其对领导行为和领导结果的重要影响。例如:Shamir、Howell 特别指出,有关领导力的研究不仅要反映领导者的个人特征和行为,而且还要包含能影响领导力产生及有效性的情境因素[128];Boal、Hooijberg 指出,关于领导力的新理论之所以是去情境化的,是因为研究者没有考虑环境和组织情境是如何影响其领导力的作用过程[129];Osborn、Hunt、Jauch 则直接指出,领导力是嵌入某一特定情境的社会建构过程,其有效性取决于所处的情境,因此一旦情境发生变化,领导行为也需随着改变。[10]

从文献回顾来看,学者已经从环境因素、组织生命周期、组织技术和任务、组织结构、管理模式、领导继任和组织目标等不同的视角探讨了变革型领导产生的情境因素。鉴于情境嵌入的研究思想,本书通过情境分析模型,整合了环境因素、组织结构和管理模式以及组织技术和任务方面的观点,提出了变革领导力在数字化转型下的情境因素——环境动态性、运营互联性和任务协作性。环境动态性是指实时追求变化和创新在数字情境下成为企业经营活动的环境属性,运营互联性是指企业重要经营活动中(例如沟通、决策和技术开发)受数字技术影响程度,而任务协作性是指企业的各项具体工作在数字化转型过程中更加强调和鼓励跨边界的合作。

Bass、Avolio指出,当组织面临快速变化的技术和市场环境的时候,变革型的领导方式更能处理新战略、新产品以及新技术所带来的压力和机会,因而在组织内更容易被接受。在动态的外部环境中,变革型领导者具备的愿景能力能够帮助成员对组织情况和未来发展进行全新的诠释,帮助员工聚焦变革所带来的机会而非危机,并鼓励他们在变革过程中付诸实际行动。当组织越来越依赖信息技术时,意味着组织朝着无边界结构转变。在这一情境下,变革型领导可以通过共享愿景和统一目的将分离的组织活动整合起来,并为分散在各个部门的组织成员提供同一认同感。[130]

还有一些学者分析了更加具体的变革环境,认为组织在面临危机、动荡或者压力时更有可能出现变革型领导行为。[131]在危机情境下,组织内的成员往往会感到无助、焦虑和沮丧,先前被广泛应用的解决方案和规章制度不再那么奏效,而未来充满了不确定和令人害怕,因此他们渴望并更容易接受那些组织内能带来清晰未来愿景的领导者。另外,领导者在危机情境下采取的大胆变革行动更容易被合法化,这些行动在稳定的环境中往往是员工所抵制的。House、Spangler、Woycke调查了美国总统的变革领导行为与其影响因素,发现他们在任期内面临的国内外危机数量与其变革型领导行为显著相关[132];Pillai、Meindl通过实验操纵的方式,发现实验中分到危机组的学生在选择任务负责人时更倾向于具有变革型领导者特质的人[133]。因此,相比较于稳定的环境,危机或动荡的变革环境中更容易出现变革型领导。

当组织任务易于分解时,领导者能够轻易地界定目标,标准化任务和流程,客观又准确地测量绩效,并且在绩效水平和奖励之间有效地建立联系。但是,当任务本身不易分解或者不可能分解时,领导者只能界定较为模糊的远期目标。规则、制度和标准运作流程不再那么有效,同时在绩效标准和特定的奖励之间建立联系对领导者而言是较为困难的。在这样的环境下,组织成员在执行任务过程中很有可能因为暂时的失败、缺乏进展或处理非结构化的问题而受挫。因此,当组织任务不易分解时,组织需要变革型领导通过身份和价值认同鼓舞成员,赋予工作和角色意识形态上的意义与目的,以及强调社会责任感、服务意识和利他主义等集体规范。[134]此外,在数字化转型的变革环境中,组织更有可能呈现出跨边界部门的结构特征。这一结构特征往往要求不同部门的员工通过合作的方式去处理非结构化和非路径依赖的任务,从而使得组织以及组织成员更容易接纳变革型领导。

Tosi指出领导力效用的发挥取决于其所处的情境和任务特征。[135]Pawar、Eastman也认为一些组织因素在决定和调节领导过程中具有重要作用,因此建议有关领导力产生和有效性的研究中包含对组织情境因素的考量。[136]学者希望通过关注领导力的情境研究达到两个目的:第一,丰富和提炼现有的领导理论,尤其是变革情境下的领导力研究;第二,在组织领导力与其发挥效用的组织情境之间建立有效联系。虽然现有研究中还未有理论探讨变革领导力产生的情境因素,但是学者已经深入分析了各类情境因素是如何影响变革型领导。本书认为,这些研究的理论观点同样适用于针对特定变革情境下的领导行为,即可以用来阐述变革领导力的产生过程。在具体情境因素的选择上,本书基于"问题驱动"和"情境嵌入"的研究范式[96],在关注重大实践问题的同时通过组织文化理论模型归纳并整合了影响变革领导力的三个影响因素:环境动态性、运营互联性和任务协作性。

2.3.2　中介因素

2.3.2.1　组织中介:变革协同性

组织研究中的一个持续性话题是:组织的长期生存和可持续成长依赖于其是否能够同时开发现有能力与探索新能力[137,138],即组织二元性。其中:探索是指搜寻、变异、风险承担、试验、灵活性、发现和创新等学习行为,其本质是应对新兴市场和顾客的创新活动;开发是指改进、选择、生产、效率、执行等学习行为,其本质是不断改进和满足现有市场与客户的创新活动。早期的研究认为组织需要在两种活动中进行取舍,但是近期研究指出两种能力能在二元组织内共存。Tushman、O'Reilly率先提出了组织二元性理论[139],目前二元性的概念已被广泛应用于指代组织能同时执行不同且相互竞争的行为,包括探索学习与开发学习、效率与柔性、搜索的广度与深度、延续与变革、渐进式创新与突破式创新、强调获利与强调增长等。Benner、Tushman认为,组织二元性和动态能力都强调探索与开发,所以组织二元性是动态能力的反映。[140]同时,随着复杂性、模糊性和路径依赖的提高,组织二元性在资源整合、能力结构、形成过程以及其他方面与动态能力是一样的。另外,组织二元性的本质不仅表现在适应环境变化的一阶能力上,还体现在搜寻、整合异质知识过程中对一阶能力起促进作用的二阶能力上。

目前关于组织二元性的研究主要有两种视角:第一种是平衡的组织二元性(balanced ambidexterity),关注探索与利用之间的平衡关系;第二种是协同的组织二元性(combined ambidexterity),关注探索与利用之间的协同效应。本书从协同视角的组织二元性考察变革领导力的作用机制,主要有三个方面的原因:首先,协同视角的组织二元性是解决研究问题"存量业务＋数字技术增量"的理论内涵表征。本书在绪论中提到,企业成功进行数字化转型的关键在于实现原有业务与数字技术之间的协同效应,这一过程中涉及了组织二元性理论中的现有能力开发及新能力探索。其次,组织二元性与变革情境下组织的生存与长期发展密切相关。许多组织二元性与组织绩效的研究表明,在不确定的变革环境中组织二元性积极影响企业的创新活动、财务绩效和生存可能性[141-143],因此符合本书数字化转型的研究背景。最后,领导力可能是组织二元性形成的重要前因变量。目前,关于组织二元性前因变量的研究逐渐从最初的结构因素拓展到情境[144]、非正式网络[145]以及本书所关注的领导力因素[146,147]。

由于本书是一项嵌入情境的问题驱动型研究,变革领导力及其情境因素都是基于数字化转型这一背景提出的,因此在选择组织二元性的协同视角来作为"存量业务和数字技术增量之间的协同效应"的理论表征时,同样采用情境嵌入的方式来理解这一重要中介变量。具体地,本书将变革协同性这一概念界定为协同视角的组织二元性在数字化转型背景下的情境表现。这样的概念操作符合该理论的研究趋势:一方面,O'Reilly、Tushman发表在 *Academy of Management Perspective* 期刊上的文章指出,组织二元性的去情境化(包括概念本身和测量工具)是目前一些研究取得不一致结论的直接原因,因此建议未来研究嵌入具体情境来论述和测量组织二元性。[148]另一方面,Benner、Tushman发表在 *Academy of Management Journal* 期刊上的文章指出,数字情境对研究企业当前的二元性活动是非常重要的,因为探索活动和利用活动在该情境下的内在本质发生了很大变化,导致组织二元性理论在解释其概念内涵、作用机制和效用模式时与实践是脱节的。

2.3.2.2　个体中介:个体主动性

作为重大的组织变革,数字化转型是对企业的根本性改变。组织领导者不仅要做出转型的重大决策,还必须让员工积极参与到转型进程中。进入21世纪后,社会的变化速度越来越快,组织的结构越来越分散,市场的创新要求越来越高。在这一变革背景下,越来越多的研究从积极的视角看待员工的工作行为,例如个体主动性[150,151]、谏言[152]、主动担责[153]和积极反馈[154,155]等。Frese等针对西德员工缺乏主动性的社会问题,率先提出了个体主动性这一概念,并进一步将它界定为一种新型的工作方式。[156]个体主动性是应对未来模糊性的有效途径,也是组织变革中值得关注的重要概念,国内学者张桂平、廖建桥也指出,个体主动性有助于组织内的个体预测变化以及促进组织的创新和变革。[157]

Fay、Frese这样定义个人主动性:个体通过积极和自发的方式去应对各种挑战,消除各种障碍,从而完成任务目标的一种行为。它由自我启动、积极行动和坚持不懈三个重要维度构成。其中:自我启动意味着个体在没有被告知、没有清晰指示或缺乏明确要求的情况下积极采取行动来应对组织问题;积极行动则指个体从未来视角关注事情,能够考虑未来可能发生的事情并且做预先准备;坚持不懈则是指个体在工作过程中,不断地排除各类干扰并持之以恒地解决问题。[158]

选择个人主动性作为变革领导力影响个体层面绩效的中介变量,主要有两方面的原因:第一,当今组织所面临的环境和任务的不确定性逐渐增加,来自企业转型的压力使得个体员工要面对全新的挑战,更快的创新要求具有创新性想法的实践者具备较高的主动性,即组织需要更加重视个体主动性来应对当前的变革挑战。[156]第二,一些学者指出领导变量,尤其是组织变革情境下的领导力(例如变革型领导)会对员工的个体主动性产生重要影响,两者之间的关系值得学者进一步探索。[159] 在组织变革背景下,领导者为了鼓励下属达成较为困难的变革目标,从多种创新视角去解决组织问题以满足员工在变革过程中的自我发展需求,因此更需要员工展现出较高水平的个人主动性。

2.3.3 效能因素

绩效是衡量效能的一项重要指标,组织领域的绩效内涵和测度随着学科的发展与研究的深入也在不断完善。基于组织变革和领导力文献,个体和团队绩效可以分为任务相关的财务绩效以及工作满意度、创新绩效等非财务绩效。类似地,组织绩效可以分为以销售增长、纯利润和净资产收益率等为主的财务绩效以及以创新绩效、管理绩效为主的非财务绩效。另外,从数据的来源来分,绩效又可以分为客观绩效和主观绩效。

具体地,早期的变革型领导研究主要从心理学和组织行为学角度研究个体与团队层次的效能。其中,个体结果主要包括工作态度、行为和绩效相关的变量,例如信任感和组织承诺[160-162],组织人员行为、工作满意度和离职行为[162,163],以及任务和创新等工作绩效[92,164]。类似地,团队结果则主要包括团队效能感[165,166]、团队创新[167,168]、团队任务绩效[168]以及团队目标的达成[169]。从文献回顾的结果来看,大多数学者发现变革型领导与上述不同层次的、不同类型的变量之间均存在较强的相关关系。

在数字化转型的背景下,企业面临的不确定性因素增加,快速变化的外部环境也给组织的适应发展带来了更大挑战,因此学者对变革型领导的研究需要从微观领域转为较为宏观的组织层面。相比较于个体和团队层面的研究,从组织层面探讨变革型领导与绩效之间关系的研究并不多。一些学者从高阶理论和战略管理理论出发,认为变革型领导通过自身的认知和价值观来影响组织发展战略的制订、不同层级间的沟通以及文化氛围,并进而对组织绩效产生影响。[102] 从文献回顾来看,组织层面的结果变量主要包括企业财务绩效[170,171]、企业二元活动[172,173]以及创新绩效[101,174,175]。虽然聚焦组织层面的大部分研究显示了变革型领导的积极作用,但是也有相当一部分研究表明变革型领导对组织绩效没有影响,或者两者之间存在负向关系。近期国内学者朱慧、周根贵的一项元分析研究结果显示,变革型领导与不同类型组织绩效的平均相关系数达到了 0.32($p <$ 0.01),且这一关系在东、西方不同文化背景和不同组织规模中不存在显著差异。[176]这一结果揭示了变革型领导对于组织绩效的直接提升作用,为企业管理者在转型变革中需重视变革导向的领导行为提供了较为重要的理论依据。

组织的领导过程并不是一个单一、孤立的过程,而是需要各层次的统一与协作。前文也提出,数字化转型背景下领导力的作用过程是一个包含个体以及组织的多层次现象,不仅影响员工在转型过程中的态度、行为和绩效,还是企业转型的成功与否的重要决定因素。因此在研究设计中,本书选取了组织的两种绩效指标(运营绩效和市场绩效)作为衡量转型是否成功的组织变革绩效,还选取了个体的两种绩效指标(任务绩效和创新绩效)作为衡量员工的变革绩效。

2.3.4　小结

领导力的影响因素和效能机制,一直是组织变革研究中的关键问题。作为变革领导力的主要概念基础,目前学界在变革型领导和变革领导力的组织情境与效能结果方面已经取得了丰富的成果。在上述研究基础上,本书基于数字化转型实践和情境分析模型界定了变革领导力的三个情境因素(环境动态性、运营互联性和任务协作性),同时选取了两个符合核心研究问题的中介变量(变革协同性和个体主动性),并确定了组织绩效和个体绩效在转型变革中的效能指标。

2.4　并行分布式加工理论与变革领导力

2.4.1　并行分布式加工的理论内涵和模型成分

并行分布式加工(parallel distributed processing, PDP)理论最早由Rumelhart、McClelland 提出[177],并在 Thomas、McClelland 发表的文章[178]中得到了进一步发展。该理论将心理活动比喻为神经网络,并以此来解释各种认知现象。它的核心思想是人类的信息加工过程发生于大量简单处理单元之间的交互,每一个单元既可以发出激活其他单元的信号,也可以发出抑制其他单元的信号,而且人们对于这些单元的处理并不是局部序列式的,而是呈现出整体、并行加工的特征。关于PDP理论,研究者们针对不同的认知现象构造出不同的模型。这些模型之间虽然存在差异,但它们基本的构成成分基本上是相同的,主要有加工单元、激活状态、输出函数、联结模块、传递规则、激活规则、学习规则和所处环境八个组成部分。[179]

2.4.2　PDP理论对变革领导力研究的启示

管理研究中的隐喻应用是指学者将某一领域中较为熟悉、较易认知的一种语言、思想或原理运用到管理研究中的过程,它有助于学者和实践者更好地认识与厘清复杂的管理现象。因此,隐喻不仅是国际主流管理学界理论构建的主要方法,还是学者基于重大管理实践来构建中国情境化理论的有效途径。[9,180]

PDP理论及其相关概念本身就是一种隐喻,是认知科学研究对神经网络工作原理的模拟、归纳和类比。PDP理论模型中的加工单元,在神经网络里可能指代某个细胞或者细胞突触,但是通过科学的隐喻的过程,不仅可以指代某个字母或单词,还可以是某些抽象的概念。基于隐喻的思考方法可以提供一些关于组织是如何进行运作的新的视角,而这些新的视角又增加了理论创新的可能性。而且,基于科学研究方法的隐喻对实践有很大的指导作用。当今企业面临的是一个快速变革的内外部环境,外部环境的复杂性、模糊性和不可预测性变得越强,研究者和实践者就越需要以熟悉的语言和认知方式来进行解读。

Morgan提出了具体研究中应用隐喻的行动路径:隐喻思考→探讨隐喻认识论→产生新的理解→创新行动。基于上述行动路径,本书进一步将PDP理论借用到组织研究领域,认为组织管理理论研究中模型假设的建立、变量的提出、变量之间的相互作用过程以及整个模型的情境其实都可以基于PDP模型中的八大基本要素以及要素之间的作用过程进行描述和解释。换种说法,PDP理论作为一种成熟的理论思想,可以通过隐喻的方式应用于组织研究中。

对于数字化转型情境下的变革领导力研究,PDP理论同样有很多启示。在技术快速发展、环境日益动态的数字化转型情境下,局部性、序列式的行动模式已经难以适应组织发展的要求,组织变革的相关行动越来越呈现出整体并行的特征。[181]一方面,我们可以利用PDP理论中的加工单元、激活状态、联结强度和所处环境等模型成分来解释变革领导力的适应过程。具体地,全球化、开放性和海量信息等数字技术特征打破了企业在非数字情境下所构建的社会结构、经济结构、关系结构甚至文化结构,导致关系、连接、规则和沟通方式等诸多要素的转变。也就是说,企业所面临的内外部环境在近几年发生了很大的变化(环境成分的演化),一些原来对企业行为重要的因素被其他因素所替代(新的加工单元被激活,而旧的加工单元被抑制)。在高度不确定、快速变化的新兴数字情境下,企业领导者的任务要求也发生了革命性的变化并带来了新的挑战,因此需要新的领导行为与之匹配(关键情境因素作为上一加工单元和联结强度激活了新的领导行为)。

另一方面,变革领导力作为一个情境依赖的多层次概念,其效能的发挥是一个多层作用的系统过程,这与 PDP 理论的基本运作过程是一致的。领导力的作用过程本身就是一个包含个体、群体以及集体的多层次现象,领导对象不仅包括了实施具体变革任务的员工,也包括了组织层面的战略、文化、结构等变革任务。[182] 尤其是在数字化转型下,企业领导者需要对公司的文化、策略、运营、组织架构、合作伙伴和员工进行多维度、大规模、全方位性的组织变革。根据 PDP 理论,当某个特征(输入单元)被激活时,与其相关联的其他特征(隐藏或输出单元)也将被激活,只有全面地观察这些单元之间并行、分布的作用过程,才能帮助我们更加准确地理解相关信息。因此,在研究变革领导力时,不仅要探究它对组织结果的影响,而且要关注其对个体结果的跨层作用,这样才能系统地理解其作用机制。

2.4.3　小结

企业在数字化转型过程中面临的是一个复杂、模糊和不可预测的内外部环境,企业家和研究者都需要以熟悉的语言与认知方式来解读、应对这一复杂现象。因此本书基于 PDP 理论,在数字化转型的关键情境因素、变革领导力、组织中介因素、个体中介因素以及不同层面的变革绩效之间建立了一个整合的研究框架,从而有助于更好地认识和厘清数字化转型中的复杂管理现象,并构建此情境下变革领导力的文化适应过程和多层效能机制。

3 研究框架与设计

3.1 以往研究总结

3.1.1 以往研究取得的理论进展

组织变革和领导力研究已经取得了较为显著的理论进展,主要表现在以下三个方面。

3.1.1.1 情境嵌入:从通用情境下领导行为到聚焦情境的变革领导力

先前的研究围绕组织变革的过程、内容和情境进行了充分的探索,并产生了许多有价值的理论和框架,对我们认识和理解组织变革与领导力提供了丰富的理论启示,越来越多的学者开始关注组织变革情境下的特定领导力行为并开展了丰富的理论和实证探索。Ulrich、Yeung 从组织层面讨论了三类关键领导能力:聚焦于组织层面的思考、推动组织变革战略的执行以及建立组织变革的能力。[66] Higgs、Rowland 把领导行为与执行变革的活动联系在一起,识别了五类与成功实施变革相关的领导能力:创造成功的变革事例、建立结构化变化、促使员工参与并建立变革承诺、提出有效的计划并监督和评估实施过程、开发和促进能力。[13] Ford、Ford 基于文献回顾归纳了变革模式、变革行为和变革活动三种变革领导力的研究视角,进一步提出并探讨了"任务导向-关系导向"分析框架在解释变革领导力有效性时的作用。[55] 总的来说,目前关于组织变革和领导力的研究开始聚焦变革情境的领导行为。

3.1.1.2 概念深化:从整体性构思到双层变革型领导的内涵演进

Bass 提出的变革型领导理论是当前最受关注和最前沿的领导理论之一。理想化影响、鼓舞性激励、智力激发和个性关怀四个维度整体构思在诸多研究中获得了支持。[92,183,184]孟慧等也验证了变革型领导这一整体性构思,并发现了德行素养、纳谏、生活关怀等中国文化背景下的独特情境特征。[185]

在认识到多因素领导问卷的整体性构思缺乏清晰的指向对象后,Kark 等提出了变革型领导理论的双层模型——团队聚焦的变革型领导和个体聚焦的变革型领导。[88]后续实证研究发现,变革型领导的双层模型具有高水平的区分效度、稳定性和信度。[87]To、Herman、Ashkanasy 在 Bass 的基础上验证了变革型领导的双层模型,其中个体聚焦的变革型领导包含了智力激发和个性关怀,团队聚焦变革型领导包含了理想化影响和鼓舞性激励。[95]Zhang 等则进一步在中国情境下验证了变革型领导的双层模型,提出了包含提出高绩效期望、促进团队合作、阐述团队愿景、榜样模范四个维度共 15 个题项的团队聚焦变革型领导量表,以及包含个性化关怀、智力激发两个维度共 8 个题项的个体聚焦变革型领导量表。从整体性构思到变革型领导力双层模型的构思演进,为更好地解释变革领导力的理论内涵和效能过程提供了支持。[98]

3.1.1.3 多层分析:从个体或团队水平到跨层的领导力作用机制演化

变革型领导的双层模型为跨层领导力研究开辟了一个新的视角。许多实证研究证实了变革型领导对个体和团队层面相关工作结果变量的显著影响。[186,187]这些研究更多将变革型领导视为团队层次的概念,研究下属共同感知的变革型领导对团队或个体的影响。[99,188]但是,变革型领导双层模型的提出使得学者能够整合团队和个体因素进行跨层研究。例如,Wang、Howell 通过跨层分析证实了团队聚焦的变革型领导可以通过团队认同影响个体层面的员工心理授权。[96]To、Herman、Ashkanasy 建立了一个跨层分析模型来解释双层变革型领导在个体、对偶和团队水平对创新的影响过程。跨层的领导力作用分析克服了传统单一水平研究的局限性,可以更加有效地解释嵌入团队水平的相关个体变量,从而更全面地解释领导力的作用过程。[95]

3.1.2 以往研究存在的局限和未来研究方向

通过对以往文献的回顾,本书认为目前组织变革背景下的领导力研究存在一些不足之处与值得关注的研究方向。

第一,研究需更加注重问题驱动和情境嵌入。Wang 强调了问题驱动和情境嵌入在管理理论创新中的重要性[96],管理学一级期刊 *Academy of Management Journal* 的众多编者也号召更多研究者构建特定情境的管理理论。根据领导情境理论,不同情境下的领导力作用会有所差异,特别是在数字化转型的中国管理情境中。但是,本书通过文献回顾发现组织变革和领导力的相关研究却是去情境化的。[189]一方面,研究对象往往是不承担变革任务的一般性组织,在西方理论中以变革型领导为代表,关注的是具有变革导向的领导风格在一般情境下的有效性;另一方面,虽然关注变革背景,但领导力的概念内涵却是去情境的。也就是说,很少有研究针对特定的变革情境(例如并购重组、全球化、数字化转型)来探讨领导行为的具体表现。Herold 等虽然在研究中指出,他们提出的变革领导力是针对特定情境的,但他们在研究时只是简单地借用了变革型领导的行为题项,概念内涵并没有体现变革特征,而且也很少有学者进行后续研究。[57]因此,未来研究可以以上述西方理论中的变革型领导和变革领导力研究为基础,进一步开发适用于中国数字化转型的变革领导力理论,从而更好地解释数字化转型这一重要中国管理实践。

第二,聚焦组织层次的变革领导力研究还未得到充分探讨。组织作为一个开放的高阶系统,其领导力的影响作用不仅体现在组织内部各个层级人员及其相关活动方面,还体现在促进组织与外部环境的适应上。与中层或基层领导行为不同,组织层面的领导行为不仅是"组织中的领导",更是"组织的领导",其影响范围涉及整个组织系统。尤其是在涉及整个组织的数字化转型背景下,领导者仅仅聚焦个体或团队是不能有效地推进转型进程的。虽然双层模型的变革型领导理论为学者进一步研究领导力的多水平效应提供了新的视角,但是团队聚焦和个体聚焦的概念界定决定了学者至多在团队水平进行理论框架的建构与对现实问题的解释,因此仍不适用于数字化转型的组织变革问题。因此,未来研究可以拓展变革型领导的双层模型,同时借鉴"任务导向-关系导向"变革领导力分析框架,来构建适应于中国数字化转型情境的、组织层面的变革领导力理论。

第三,变革领导力的多水平作用机制仍有待进一步研究。领导力的作用过程本身就是一个包含个体、群体以及集体的多层次现象,领导对象不仅包括了实施具体变革任务的员工和团队,也包括了组织层面的战略、文化、结构等任务。在不同学科的组织变革和领导力研究中,组织行为学通常聚焦领导者和下属之间的互动关系,而管理学则更多关注组织层次的变革任务。因此,研究者有必要综合这两个学科的研究视角,建立一个整合的框架模型来探究情境化的变革领导力在组织和个体层面的多水平效应。

3.2　拟解决的关键理论问题

基于 Wang 针对组织变革所提出的问题驱动和情境嵌入的研究范式[96],本书拟通过聚焦数字化转型的重大理论问题以及企业在这一过程中面临的关键情境特征,采用多水平的研究方法对变革领导力的概念内涵、产生过程与效能机制开展研究。具体地,本书拟解决以下三方面的关键问题。

3.2.1　变革领导力在数字化转型情境下的概念模型

在数字化转型背景下,企业领导者应该采取哪些具有针对性的变革行为? 这些行为具有怎样的特点? 对这一问题的解答,需要在结合相关理论和实践的基础上拓展变革领导力的概念构思,并对其内涵维度进行验证。本书计划通过多案例比较分析的定性研究方法,对数字化转型过程中的关键领导行为进行详细的归纳和系统的总结,从而开发针对数字技术这一特定情境的变革领导力。在案例研究的基础上,本书还将依照量表开发的标准程序对变革领导力的构思进行探索性因素分析和验证性因素分析。

3.2.2　变革领导力在数字化转型情境下的产生过程

既然本书关注的是数字化转型情境下的变革领导力,那么这一情境具有哪些会影响变革领导力的重要因素? 要回答这一问题,需要识别出数字技术的关键情境因素,并进一步阐述这些因素是如何影响变革领导力的。本书将基于数字情境来构建变革领导力的影响因素,进而通过大样本问卷检验相关理论假设。具体地,本书将分析环境动态性、运营互联性和任务协作性对变革领导力产生的影响作用,以及公司的创新文化在这一过程中的调节作用。

3.2.3 变革领导力在数字化转型情境下的效能机制

变革领导力在数字化转型情境下如何影响组织和个体的变革绩效?要回答这一问题,需要进一步研究变革领导力的效果和作用模式。从本质上来讲,变革领导力的作用是一个多水平过程,因此本书拟通过"领导-员工"的配对问卷调研对变革领导力的多水平影响效应进行检验。本书选用的变革协同性和个体主动性等变量,都是基于问题驱动、情境嵌入和最新研究进展而精心选择的。

3.3 研究设计和框架

基于上述三大拟解决理论问题,本书计划通过四个相互关联的研究对变革领导力的概念内涵、产生过程和效能机制进行研究,以期取得重要理论突破,并为企业的数字化转型实践提供指导。

3.3.1 变革领导力的概念开发研究

这一部分拟采用案例研究方法对变革领导力在数字化转型情境下的具体内涵和维度框架进行探索与开发。具体地,通过关注苏宁云商、构家网和传化物流这3家具有典型代表的企业,提炼出基于数字化转型情境下的关键领导行为,进而拓展和情境化变革领导力的理论内涵,并通过单案例描述和跨案例比较,进一步明确它的具体内涵和维度框架。

根据以往研究进展,本书计划采用"个体聚焦-组织聚焦"和"任务导向-关系导向"的分析框架来探索变革领导力四个维度的具体内涵。关于这四个维度的具体命名,通过多案例分析和比较将其命名为:任务激励、个性关怀、创新引领和跨界联合。

3.3.2 变革领导力的量表开发研究

基于上述案例研究,可以从理论上建构变革领导力的分析框架、基本内涵和特征维度。然而,案例研究的定性属性和小样本规模使本书很难对变革领导力展开定量研究,这不利于揭示其形成过程和效能机制。因此,本书需要开发关于变革领导力的量表。具体地,本书按照量表的开发流程,首先获取数字化转型过程中企业领导者采用的关键领导行为,然后结合各个概念的操作化定义以及现有研究中和变革领导力内涵比较接近的量表题项,获取初步的题项库,然后通过专家评价法对题项进行初步修订和筛选,最后通过探索性因素分析和验证性因素分析形成变革领导力的测量量表。基于以上两个研究,本书形成适用于中国管理问题的变革领导力量表,并拟验证下属两个核心假设。

核心假设 1:在数字化转型情境下,企业实现存量业务和数字技术增量协同并获得转型成功的关键是采用针对性的领导行为——变革领导力。

核心假设 2:变革领导力可以用"个体聚焦-组织聚焦""任务导向-关系导向"的研究框架划分为四个维度:任务激励、个性关怀、创新引领和跨界联合。

3.3.3 变革领导力的适应机制研究

Tosi 指出领导力效用的发挥取决于其所处的情境和任务特征。[135] Pawar、Eastman 也认为一些组织因素在决定和调节领导过程中扮演重要作用,因此建议领导理论中应该包含对组织情境因素和条件的考量。[136] 在以往研究中,情境效应往往被低估或者被忽视。[9,190] 本书基于 Wang"问题驱动"和"情境嵌入"的研究思想,[96] 在关注重大实践问题的同时提炼了数字化转型情境的三个影响因素,分别为环境动态性、运营互联性和任务协作性。本书认为,这三个情境因素能够积极影响变革领导力的产生。同时,本书还基于情境分析模型提出了"创新文化"这一重要调节因素,认为它负向调节了数字情境与变革领导力之间的关系。本书将上述影响作用及其边界条件称为变革领导力的文化适应过程。基于以上研究,本书提出如下假设。

核心假设 3:当企业在数字化转型中面临越高水平的环境动态性、运营互联性或任务协作性时,则越有可能出现(需要)变革领导力。

核心假设 4:当组织的创新文化越弱时,越需要变革领导力来应对上述数字情境。

3.3.4 变革领导力的效能机制研究

这一部分分为两部分,重点关注变革领导力的多水平影响作用。第一部分聚焦组织水平,探索变革领导力是如何通过变革协同性对组织绩效产生影响。选择变革协同性作为组织层面的中介变量,一方面,由于变革协同性作为组织二元性的协同视角,与变革情境下组织的生存与长期发展密切相关,因而与数字化转型这一变革情境是匹配的。另一方面,变革协同性是实践问题"存量业务和数字技术增量协同"的理论表征,是组织通过变革领导力突破数字化转型困境的关键变量。因此,第一个部分计划通过大样本问卷研究调查,探讨数字化转型情境下,变革领导力促进了变革协同性,进而影响组织绩效的过程。这一部分围绕以下核心假设开展研究。

核心假设 5:在数字化转型情境下,变革领导力会提高变革协同性,并进而产生更好的组织绩效。

第二部分聚焦跨层水平,研究组织层面的变革领导力如何通过个体主动性和变革协同性对员工变革绩效产生影响。之所以选择个体主动性作为个体层面的中介变量,一方面是因为组织需要更加重视个人主动性来应对数字化转型变革带来的不确定性挑战,另一方面是由于组织变革情境下的领导力会对员工的个体主动性产生重要影响,两者之间的关系值得学者进一步探索。第二部分同样通过大样本问卷研究调查,围绕以下核心假设开展研究。

核心假设 6:在数字化转型情境下,变革领导力会提高企业的变革协同性,并进而产生更好的个体绩效。

核心假设 7:在数字化转型情境下,变革领导力会提高员工的个体主动性,并进而产生更好的个体绩效。

结合 PDP 理论,本书将上述变革领导力对绩效的影响过程称为多层效能机制。

3.3.5 本书的理论框架和技术路线图

综上所述,本书在接下来的研究中将重点探讨变革领导力的概念内涵、形成过程和效能机制这三个方面的内容。为此,本书构建了下述理论研究框架(见图 3.1)和具体研究路线(见图 3.2)。

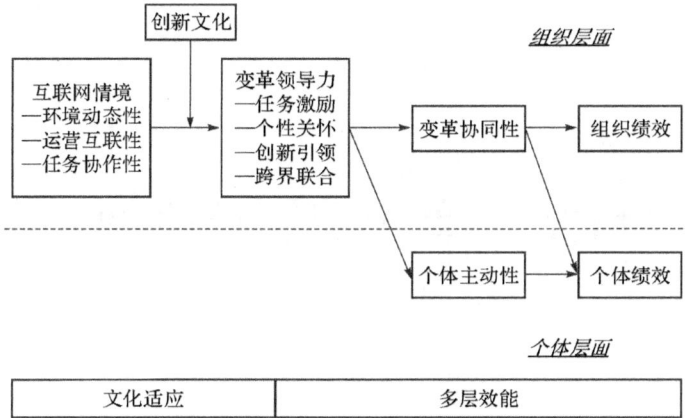

图 3.1 本书的理论框架

图 3.2 本书的具体研究路线

4 研究一:变革领导力的构思开发

4.1 研究目的

在数字情境下,各种新兴商业模式不断冲击企业的既定业务,导致企业领导者的任务发生了革命性的变化。企业领导者不仅要调整自己的领导方式和行为来适应数字情境下员工与组织的新型互动关系,而且要持续反思数字技术时代的新特性和组织的整体商业设计,以及思考如何创造性地借助相关技术搭建行业生态圈并在跨企业、跨产业、跨地区乃至全球范围内利用和整合各类优势资源。相比于传统任务,这些新任务表现出两方面特点:第一,在数字化转型过程中,全球化、开放性和海量信息的数字技术特征打破了组织原有的稳定状态,带来关系、连接、规则和沟通方式等组织要素的转变。第二,企业的流程、经营和管理愈来愈受数字技术的影响。数字技术的开放性、去中心化和分布式三个特征深刻影响了企业的文化、运营、组织架构与伙伴关系,使得企业与外部环境或其他形式的组织之间能够以更加丰富和创新的方式建立联系,并不断创新传统价值链中的运营范式。

另外,对实施变革的企业而言,数字化转型主要在两方面发挥作用:一是利用数字技术和平台进行自我变革,提高生产效率;二是通过跨界融合不同产业,培育出新产品、新业态。两者的共同点都是企业的存量资源和数字技术增量之间协同发展。但在这一过程中,企业领导者往往会面临"两不着"的转型困境:

一方面,延伸的数字技术业务不能加强既有的核心业务;另一方面,传统业务因转型急切而失去原先的优势。两者共同的结果都是整个组织变革失败。因此,企业领导者的关键问题就是:在数字化转型这一特定的背景下需要采用怎样的情境化领导力,确保原有业务的核心优势和数字技术增量发挥协同效应并最终实现成功变革?

从之前的问题提出和文献综述可以看出,领导力在组织变革实践中扮演着非常重要的作用,学者在变革研究中也一直关注领导力的相关研究问题,而且研究焦点已经逐渐从一般的领导行为转向变革聚焦的特定领导行为。[55]但同时,组织变革在类型、内容和层次等方面都表现出很大的差异,实践中亦如此。同时,很少有学者在特定的变革情境下(例如本书关注的数字化转型)探讨情境化的领导行为表现。因此,数字化转型为学者提供一个较好的情境来打开该情境化领导力的内涵"黑箱"。本研究接下来将通过 3 家典型企业及其企业领导者在数字化转型中的关键行为来识别和界定该概念的核心内涵与关键维度。

4.2 研究方法

4.2.1 研究设计

本研究关注的核心概念,变革领导力(一种情境化的领导力),属于组织变革和领导力范畴,具有较好的理论基础。但是,互联转型的变革情境给组织赖以生存的技术、文化、政治和经济等因素带来了新的复杂性,导致现有的领导力概念在解释数字化转型问题时适用性不足,因此需要重新界定和开发。在管理研究中,定性研究的主要功能在于形成构念、详尽阐述以及精细改良现有理论[191],因此非常适合理论概念的开发。

在各类定性研究的具体方法中,以 Glaser、Strauss 的扎根理论[192],Miles、Huberman 的定性数据分析方法[193],Yin 和 Eisenhardt 的案例研究方法[194,195]最受学者推崇。其中:扎根理论的最大特点是"自然呈现",不先入为主地以某一理论导向开展研究;定性数据分析方法则强调通过系统化的资料展示、过程编码和跨案例分析将资料逐步提炼成为理论(最为复杂);而案例研究方法非常适用于探索新生、未被深入理解的现象和问题,可以应用于众多管理领域[196]。本研究的目的是探究互联转型情境下变革领导力的核心内涵和结构特征,因此采用案例分析比较合适。

以 Eisenhardt 为代表的学者偏好于多案例研究,尤其是多个案例同时指向同一结论的时候将显著提高案例研究结论的有效性。在多案例研究中,研究者首先要深入地分析每一个案例及其主题,这一过程称为案例内分析,而后进行跨案例分析,跨案例分析将根据相同的研究分析框架对所有的案例进行总结,并提炼出共性的研究结论。对选取的三个典型案例,本研究遵循上述分析过程,分别进行案例内分析和跨案例分析。

4.2.2　分析单元

案例分析单元的作用在于明确研究所要聚焦的主要研究对象,从而确定数据收集的边界。在研究中,学者可以根据研究问题所聚焦的变量或关系将分析单元聚焦于个人、团队或组织层面。[194] 由上述文献分析可知,研究者可以在不同的情境下从个体层次、团队层次或者组织层次来研究变革领导力。但是本研究的一个核心假设是,企业互联转型的成功与否很大程度上取决于组织层面的变革领导行为,因此这里的变革领导力是一个组织层面的构思,案例分析的基本单元为企业。

4.2.3　样本选择

互联转型是当前很多中国企业都在实施的组织变革策略,但不同企业的力度和表现都不相同:有些企业仅停留在营销层面,有些企业则建立了自己的销售渠道,有些企业利用数字技术实现自身企业与供应商的协同整合,还有一些企业则基于自身的优势和数字技术的新特性,构建了一个全新的商业模式。本研究在选择具体案例时,遵照理论抽样[195]和复制逻辑[194]的基本思想来尽可能确保所选案例的典型性与代表性。具体地,本研究根据四个标准来选择案例样本:第一,样本企业的原主营业务需与数字技术不相关或相关性不大,目前则正在积极地实施互联转型实践(典型性);第二,样本企业类型应具有多样性,包括成立时间、发展阶段、所属行业、企业规模都应该有差异性(可复制性);第三,样本企业的互联转型应该涉及整个组织,而不仅仅是某个部门的任务范围(代表性);第四,样本企业面临的外部宏观环境应该大致相同,这样可以最大化互联转型带来的行为变化和最小化外部环境的潜在影响。基于上述标准,本研究通过企业拜访、社会关系和电子邮件等方式确定了3家企业。这3家企业分别是苏宁云商股份有限公司(江苏)、杭州构家网络科技有限公司(浙江)和传化公路物流有限公司(浙江)。这3家企业分别来自零售、家装和物流领域,并且在发展阶段、员工规模和数字化转型类型方面各有不同,具有较强的代表性。案例企业的基本信息如表4.1所示。

表 4.1　案例企业基本信息

背景信息	苏宁云商	构家网	传化物流
所处行业	零售行业	建筑行业	物流行业
企业类型	上市公司	非上市公司	上市公司
发展阶段	转型期	初创期	成长期
主营业务	零售	家装	公路物流
成立时间	1990 年	2013 年	1997 年
员工数	约 18 万人	300～400 人	约 1200 人
年营业收入	3000 亿元	4000 万元	4 亿元
数字化转型	由门店销售向数字技术零售平台转型	由传统家装向数字技术整家装修转型	由公路物流向数字技术物流平台转型

注:案例数据时间点为 2015 年 12 月。

4.2.4　数据采集

本研究采用三角测量的方式,综合运用现场访谈、媒体报告、企业刊物、企业视频和调研报告等多重来源,收集样本企业在互联转型各个阶段的关键事件、行动和决策等信息,尽可能获得客观的数据并使素材之间形成证据链,提升案例研究的质量和稳健性。[194]

本研究的数据收集过程如下:首先,通过各种公开的渠道(公司网站、媒体报道和公司报告)收集样本企业的背景信息,根据初步的信息定制访谈提纲。其次,在正式接触企业之前,将访谈提纲提供给样本企业的受访人,便于他们了解本研究的研究目的并提前做好准备;最后,现场访谈阶段,访谈对象主要是企业高管或关键部门负责人,每次访谈一般持续 1.5~3.0 个小时。访谈提纲由三个部分组成:第一,企业转型的基本情况;第二,企业转型过程中面临的外部环境和挑战;第三,企业领导者在转型过程中的关键行动、举措或决策判断。在访谈结束之后,会向受访人索要企业能够提供的任何材料(宣传手册、市场报告、视频介绍或工作总结),以便获得更加详尽的信息。本研究会将所有材料整理后形成的初步案例报告发给相应受访人,并根据反馈意见对相应的疏漏、错误进行补充和修订。访谈的具体信息如表 4.2 所示。

表 4.2 三个企业的访谈信息

企业名称	访谈对象职务	访谈时间
苏宁云商	投资经理	3.0 小时(2 次)
传化物流	人力资源部总监	2.0 小时
	产品研发经理	1.5 小时
构家网	供应链部经理	2.0 小时
	云设计中心经理	1.5 小时

4.2.5 分析策略

本研究采用案例内与跨案例分析结合的分析技术,选取了 3 家涉及数字化转型的企业进行案例研究。多案例研究方法可以通过案例间的“复制逻辑”来交叉验证目标理论。[194]多案例研究方法需要理论和数据之间具有较高的一致性,理论的产生过程源于数据。[192,195]因此,本研究在案例分析阶段根据多源数据来源刻画样本企业在互联转型过程中的关键事件、行动及其决策,最终形成一个完整的案例描述,并在此基础上对案例进行横向比较,提取其中共有的特征,从而归纳出更有说服力的结论。

4.3 案例内分析

4.3.1 苏宁云商

4.3.1.1 案例背景

1990年,苏宁创始人张近东开始创业之路,公司历经空调专营、综合电器连锁、全品类数字技术零售三个阶段,目前年销售规模超过3000亿元,员工18万人,线下实体门店1700多家,线上苏宁易购位居国内B2C前三,是中国商业零售行业的领导企业,位列中国民营企业前三强(见图4.1)。在数字技术的浪潮下,苏宁率先结合数字技术和模式推动行业创新,引领零售行业发展新趋势。目前的苏宁的数字化转型备受业界关注。

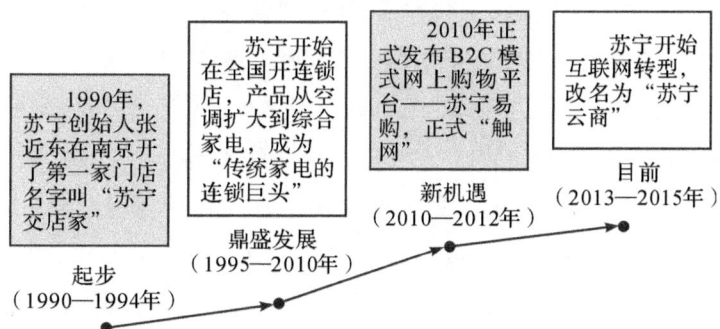

图4.1 苏宁云商——从私营店到家电零售巨头

2009年,苏宁创始人张近东推出了线上购物平台"苏宁易购"(试运营)。不过数字技术在2009年到2011年期间并未对苏宁的线下实体造成实质性的冲击,因此"苏宁易购"只是作为线下实体店面的一种补充,并未成为苏宁公司战略的一部分。在线下实体店快速发展和盈利可观的情况下,苏宁并没有意识到数字技术即将带来的巨大挑战。

从2012年开始,电子商务的快速发展使得苏宁面临着家电市场增长减速和成本逐渐上升的不利局面。受访者在谈到苏宁遇到的数字技术挑战时提到,

"一些店的客流量突然就消失了"。另外,线上业务的快速发展和线下业务的持续萎缩之间的矛盾开始激化,根据苏宁财报,苏宁线下实体店收入和门店数量在 2012 年的前三个季度开始出现负增长,而线上收入变成了苏宁收入唯一增长点,营业收入同比增长 150%。根据电子商务研究中心发布的《2012 年度中国网络零售市场数据监测报告》,苏宁易购在 B2C 网络零售市场中仅占 3.6%,与排名第一的天猫商城和排名第二的京东商城差距巨大。作为零售行业的巨头,苏宁创始人敏锐地认识到中国零售业正处在转型的关键时刻,利用数字技术进行变革成为其唯一的选择。

2013 年,苏宁电器更名为"苏宁云商",之后又公布"线上线下同价"策略,把自己从传统的电子电器产品渠道商转变为全品类产品线下线上相结合的综合商城,真正开启了大刀阔斧的数字化转型。自 2009 年宣布融合数字技术以来,苏宁经历了战略探索(去电器化)、战略布局("沃尔玛+亚马逊"模式)和战略执行(云商模式)三个阶段。

4.3.1.2 零售企业数字化转型面临的情境

随着移动数字技术的普及、基础网络设施的改善和购物信用体系的建设,数字技术开始进入零售的各个领域,大部分商品的生产、销售和售后也开始电子化,消费者可以通过各种数字技术和应用在线参与企业的销售、服务过程。同时,苏宁通过各种数字技术工具掌握消费者行为数据,把握每一个消费者的个性化需求。过去零售行业的服务局限于人与人、面对面的低频互动,而现在消费者即使不和企业的员工接触,也可以通过微信公众号、微博以及其他在线社交媒体更深切地体验到企业的服务内容和品质。

对于零售行业,无论是单体百货店,还是连锁店、纯电商销售或 O2O 互联零售模式,其本质是要在生产商和消费者之间建立更加便捷的联系。虽然 2011 年后,以数字技术为核心要素的电子商务对基于线下零售的苏宁造成了重大冲击,但是其并没有建立起零售业的核心竞争力。由于缺少全国性的物流能力、供应链管理的经营能力和企业信息化的管理能力,当时的苏宁缺乏可持续的赢利模式。

4.3.1.3 数字化转型下的变革举措

关键举措 1:在传统零售时代,苏宁和大部分企业一样依靠门店、销售的复合式增长来实现自身的快速成长。但是在激烈的外部竞争和颠覆性的数字技术零售的冲击下,苏宁深刻意识到传统零售需要围绕产品、用户、场景,并通过线上线下的深度融合来实现由内而外的数字技术化。苏宁主要分两个阶段探索基于数字技术的商业模式。

2014年以前,苏宁首先在平台方面开拓新的销售渠道,苏宁云商基于新的数字技术消费特点先后开发了覆盖用户的四端渠道(PC端、TV端、PPTV端和手机端)。其次在产品方面增加新的数字技术品牌和品类,产品SKU数量由转型之前的万级别(家电为主)快速增加到转型之后的千万级别(包含了家电、超市、母婴、百货等综合产品)。最后是加服务,苏宁不仅重构了线上运营服务,而且打造了企业核心的金融数据和物流,在金融方面通过"易付宝"和"任性付"积累了上千万用户。

2014年之后,苏宁进入商业模式探索的第二个阶段,即以数字技术进行技术改造和优化线下的业务流程与零售资源,其核心同样是渠道和产品,但重点在线上线下融合。对于渠道,苏宁侧重让数字技术的购物体验线下化,重点打造基于数字技术的超级店和旗舰店,而那些辐射范围较小的常规门店被大量关闭。苏宁线下旗舰店和超级店借助数字技术形成更加多元化的促销方式与"超电器化"。在产品方面,苏宁打通了线上线下平台,突破了门店在展示数量、陈列方式等方面的局限,实现了人和机器、人和商品以及商品和应用场景的三种交互。

除了在商业模式上进行不断摸索和迭代创新,苏宁在鼓励员工创新、包容创新失败等方面也做了很多工作。例如,在总部"全民微商"背景下,部分苏宁员工通过自己的微信和微博等工具扩大传播范围。而且,苏宁高层把部分市场决策交给年轻人,并设立"1000万元数字技术创新基金",以不同的奖励形式促进数字技术相关的创新,鼓励基层员工大胆提出创新想法并进行试错。

关键举措2:2014年,苏宁与美的集团签署战略协议,目标在2014年至2016年三年内完成美的全线产品在苏宁渠道600亿元的销售额,同时在社会营销、数据挖掘和智能家居等数字技术领域开展创新合作,共同寻找新的利润增长点。

在这个资源共享的互联时代,企业要与数字技术领域的创新企业建立广泛联系。苏宁打造的数字技术零售愿意开放各种接口,与国内甚至国际领先的 BAT 数字技术企业兼容并包。未来苏宁希望所有的合作伙伴,通过苏宁云商与百度应用、万达广场和中外运的跨境物流建立联系。与此同时,苏宁将接入大量平台企业并建立可持续发展的创业生态圈。

——张近东在 2015 年公司年度峰会发表主题演讲

2015 年 8 月,苏宁和阿里巴巴集团宣布达成战略合作,共同探索线上线下融合之路。张近东在给员工的内部邮件中提到,双方将在电商、物流和支付等方面进行全面深入的合作:在电商方面,双方会在 3C、生活快消品等领域展开合作;在物流方面,拥有 5000 个线下服务站的苏宁物流网络将成为阿里菜鸟网络的合作伙伴,并开放给第三方商户;在支付方面,支付宝将为苏宁云商提供全面支付解决方案;在实体店方面,苏宁在全国的 1000 多家连锁门店将与阿里巴巴体系全面打通。

此外,受访者提到了"与供应商的极效协同"这一概念,即依靠苏宁的物流云、零售公有云和金融云与供应商建立资源整合的"云"平台,打造面向合作伙伴的新数字技术生态圈。苏宁通过两年的时间将物流从一个部门转变成能够辐射全国和全产业链的物流企业,并将低成本、高质量、广覆盖的仓储配送能力向平台商户和供应商全面开放,使物流成为集团的利润中心之一。同时,苏宁投入 6000 万元打造的零售云平台应用,能够为供应商和平台商户提供数据分析、供应链管理与精准营销。

关键举措 3:"公司的体系逐渐变大以及组织关系逐渐复杂,使得不同部门之间的合作变得越来越不可能。此外,部分管理者封闭心态的存在使得不同部门之间的沟通成本上升,这对公司目前的转型是不利的。"张近东透露出对数字化转型中遭遇到的组织挑战的担忧。为了适应战略转型,苏宁高层领导者对组织架构做了三次较大的调整。

2013 年 2 月,苏宁电器更名为"苏宁云商",意在用全新的云服务商业模式拥抱数字技术时代。与此同时,苏宁公司将组织架构由原先的矩阵式转变为事业部。具体地,在总部层面,构建了线上电子商务、线下连锁平台和商品经营平台,以此来支撑线上线下业务的齐头并进。在大区层面,苏宁主打"大区-城市终端"两级经营管理,目的在于精细化运营和全地区覆盖。另外,苏宁高层将线上平台、虚拟运营和快递等与数字技术相关的业务负责人提拔至公司决策层。

2014年2月,为适应"一体两翼"数字技术路线("一体"是以数字技术零售为主体,而"两翼"则指打造O2O全渠道经营和线上线下的开放平台),苏宁再次大刀阔斧地进行组织结构再造。第一个变化是在集团层面成立了大运营总部,整合了线下实体店的连锁平台经营总部和线上苏宁易购的电子商务经营总部,其目的是为线上线下深度融合扫清组织障碍。第二变革是成立了8个垂直专业公司,其中物流和金融等与数字技术密切相关的公司在经营中被授予更大的自主权,其目的是实现数字技术业务的快速突破。另外,合并之后的大运营总部由电商业务的负责人接手,与数字技术业务相关的PPTV负责人和满座网负责人也陆续进入集团决策层,新的人事任命透露出数字技术力量在苏宁内部得到进一步重视。

在2015年的春季部署会后,苏宁第一次在组织架构中设立首席运营官(COO),以小团队的方式管理事业部中的彩电、冰洗、3C以及统筹运营总部、连发总部和物流业务。这意味着苏宁进一步打破旧有观念,积极响应创始人张近东提倡的"公司组织架构调整须服务于数字技术化"。事业部实行扁平化和公司化管理后就可以直面市场,有利于小团队作战,集团层面的决策工作得以迅速往下延展(见图4.2)。

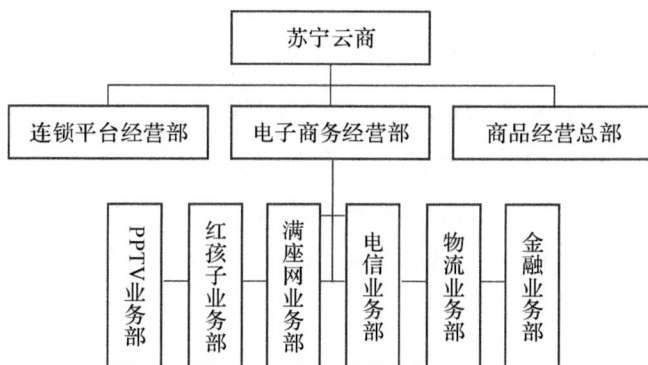

图4.2 苏宁云商的组织架构

伴随着组织结构的多次调整,苏宁领导者也非常重视并积极促进人员结构的转变。2012年初,苏宁总部主要是以电器专业化人才、各类管理人才和IT人才为主。而2015年,金融、数字技术运营和IT研发开始成为苏宁的主导力量。在2012年至2014年期间,苏宁立足于新的线上线下业务,通过内部提拔和招聘引入了1600多名中高层管理人才,占苏宁总部中高层的40%。

关键举措4:苏宁从原来的零售思维到转型后的数字技术思维,需要承受很大的内部压力,这部分压力很多来自老员工对变革的抵制。为此,苏宁一方面构建了由薪资、福利、短期激励和长期激励四个模块组成的变革激励薪酬体系。另一方面,通过各类培训和组织活动来缓解企业数字化转型带来的紧张情绪,管理人员在2013年至2014年期间累计晋升达1万人次,参与各类培训项目达6000多期,同时组织内部开展运动会、节日慰问等多种形式活动,努力营造和谐的工作氛围。

激励设计、充分授权和员工参与是苏宁在转型过程中改善员工关系的三大有效工具。对于转型后设立的大区和子公司,如果销售和毛利超过预定目标,苏宁给管理人员的年薪上不封顶。基层门店的管理者都有机会参与制订销售的关键考核指标,而苏宁根据不同的增长目标设立了差异性的奖金数额。也就是说,苏宁在变革执行过程中,充分地考虑到员工可能碰到的各类困难和需求,在执行过程中不是单纯由上而下,也有自下而上的参与和决策过程。另外,苏宁总部和地方通过很多内部群(如微信)实现了比以往任何时候都要多的交流与互动,沟通和反馈的速度较之以往也大大提高,受访人提到"现在中层和基层管理者比转型前更愿意提出问题与分享经验了"。

对于基层的门店员工,线上线下的融合变革势必也会带来新的挑战,一方面是新业务带来的技能学习要求,另一方面线上对线下的冲击势必降低其士气和变革积极性,因此苏宁推行新的考核方法来激励每一个门店员工与数字技术融合。在实体销售过程中,线下员工在销售过程中主动开发的线上会员,其今后发生的所有线上交易都将成为该员工销售提成中的一部分,这大大激发了员工拥抱公司数字化转型的主动性。

4.3.1.4 案例分析

在数字化转型过程中,苏宁的公司体系和组织关系逐渐成为其战略转型的障碍。为了保证变革任务的顺利完成,创始人张近东及其高管团队对组织的架构做了三次大的调整:第一次调整时,将组织从矩阵式管理转变为事业部组织,并且提拔与数字技术业务相关的负责人(如线上平台、虚拟运营和物流)进入公司的经营决策层;第二次调整时,在集团层面成立了大运营总部来解决线上线下资源协调和整合问题,并且继续提拔和数字技术业务相关的负责人;第三次调整时,苏宁第一次在组织架构中设立首席运营官,以小团队的方式管理各个事业部,以柔性、敏捷、极简的管理方式推进决策的执行。除了调整组织结构来适应变革任务,公司通过内部提拔和招聘的方式引入近 2000 名中高层管理人才,金融、数字技术运营和 IT 研发开始成为公司的主导力量,这一转变对公司迅速推进各项变革任务起到了关键作用。

由于互联转型触及许多老员工的利益,苏宁在转型过程中遇到了许多抵触。为了改变这一状态,苏宁的高层通过了一系列的措施来改善公司与员工之间的紧张关系。首先,苏宁致力于塑造授权的、参与的学习型文化氛围,苏宁的基层员工和管理者可以参与与自身绩效密切相关的指标制订,更多的管理人员通过系统的培训和学习提升了自己的数字技术知识与技能;其次,苏宁构建了由薪资、福利、短期激励和长期激励四个模块组成的变革激励薪酬体系,使得大部分员工和基层管理者通过自身的努力、学习获得比以前更多的收入;最后,公司充分考虑到转型过程给员工带来的困难,因此日常工作中以人为本,高层领导通过节日慰问、内部运动会以及内部沟通会等不同的方式了解员工的困难,并给予具体的帮助。

在数字技术快速发展和电子商务的冲击下,苏宁原先单纯依靠门店和销售的复合式快速增长模式已经不再适用。在这样的背景下,公司围绕产品、用户和场景来积极探索新的商业模式与运作模式。在转型初期,苏宁致力于打造终端渠道,形成了覆盖全用户的 PC、TV、PPTV 和手机端,并在两年时间内将产品 SKU 迅速提升至千万级别。同时,苏宁精心打造了物流和易付宝,并积累了上千万的活跃用户。在转型中期,苏宁致力于线上线下的 O2O 融合,通过购物体验线下化与“超电器化”策略实现人和机器、人和商品以及商品和应用场景的三种交互。在运营模式创新方面,苏宁通过启动“全民微商”和设立“数字技术创新基金”等多种方式促进数字技术相关的创新。

为了更好地推进公司的转型进程,苏宁在各个领域与其他企业建立了广泛的联系,并开展了形式多样的合作。公司与合作多年的供应商基于数字技术的新特点,不但将销售目标提升至历史最高——600亿元,而且合作范围拓展到社会营销、数据挖掘和智能家居等方面。在资源共享的数字技术背景下,苏宁将深耕多年的物流云平台开放给所有供应商和平台商户,帮助其进行数据分析、供应链管理和市场营销,努力打造"双赢"的协同合作伙伴关系。最引人瞩目的是,苏宁以"股权互换+现金"的方式引入战略伙伴阿里巴巴,双方在电商、物流和支付领域共同探讨线上线下融合的O2O模式。

4.3.2 构家网

4.3.2.1 案例背景

杭州构家网络科技有限公司,是一家线上输出"整家系列"数字产品、线下孵化服务的数字技术企业。构家网的前身是台州美莱美文化创意有限公司,是一家集设计、施工和服务于一体的传统家装企业。在2014年开始转型之后,公司基于数字技术打造家居行业生态,利用云设计、云装修、云计算、云服务等新技术线上输出不同系列的整家产品,以工业化设计的思维,线下流水线出品客户满意的整家装修方案。

在转型之前,创始人颜传赞在经营美莱美的过程中意识到传统家装行业由信息不透明所带来的行业弊端(价格欺诈、偷换材料和装修流程过长等),同时深刻体会到数字技术的快速发展带给家装行业的变革和机会。因此,2014年初,颜传赞带着原先公司的核心骨干在杭州成立构家网网络科技有限公司,正式"触网"。构家网在2015年1月至9月的销售额达到4亿元,员工从年初的80多人增至目前的300多人。构家网当时构建的未来三年的战略目标是:在2015年达到10亿元销售额,2016年争取100亿元,2017年目标抢占第二、三次装修的改善型家装市场5%～10%份额(销售额1000亿元)。在"数字技术+装修"的行业趋势下,构家网通过内部管理、资源整合和模式创新,引领和颠覆传统家装行业,目前是数字技术整家模式的践行者和领导者。

4.3.2.2 家装企业数字化转型面临的情境

在移动互联和社交网络兴起的背景下,企业与用户之间的连接更加容易,微信朋友圈、微博、淘宝等数字技术平台让信息更透明，人与人之间互动更加直接和频繁。传统家装行业由于产业链太长，没有形成统一的规范和标准，用户体验非常不好。因此，许多传统家装企业开始通过布局数字技术切入线上家装领域。数字技术对传统家装行业的改造，其核心是去中介化，让消费者和家装公司之间的信息变得透明。从目前发展来看，传统家装企业的数字化转型主要有两个趋势。

第一，越来越多的企业利用数字技术渠道来获取目标客户。在线信息获取的便利性使得用户的购买行为发生了变化，从而改变了家装企业的宣传策略和赢利方式。数字技术的去中介化使得消费者能够买到更加实惠的产品，并且在线参与到家装设计过程中，从而使得传统行业中的灰色地带（如虚假报价、中途增项、偷工减料等问题）逐渐减少，整个行业变得更加公平和透明。

第二，数字技术在家装行业的转型过程中逐渐得到广泛应用，并与企业的任务流程进一步融合。一方面，以数字技术切入家装领域的企业往往拥有较为成熟的 APP 和电子商务平台，更贴近消费习惯。另一方面，传统家装公司在转型数字技术方面也展开了丰富的尝试，如引入线上辅助设计的 3D 虚拟技术，或在管理过程中采用 BIM 系统。

4.3.2.3 数字化转型下的变革举措

关键举措 1：构家网在转型之前是一家有着八年行业经验的装修公司，虽然有着多年的发展和积累，但是向数字技术家装转型之后，大部分施工管理人员还是靠传统经验作业，技能储备已经不能够完全胜任数字技术时代下用户对家装企业的高标准要求，不能解决工程管控落地的管理问题（施工过程各工种各自作业、反复拆改等）。为了真正做到"数字技术＋"的企业转型，构家网采用了多种策略解决上述问题。

第一，公司领导者从外部招聘了大量的设计人员，并成立了公司的核心部门"云设计中心"推动公司的数字化转型。这一部门的主要任务是将装修过程标准化和数据化。第二，原先以施工为主的公司主体成为整个构家网组织架构下的工程部，并且启用更为苛刻的用人标准招聘所有与施工相关的工种，如水电工、木工、瓷砖工、油漆工等。第三，在整个组织中架设了一个学习型部门——构家商学院，研发了"营销策划""工程管控""城市运营"等实用型课程

（见图4.3）。构家的施工人员或项目经理,必须经过构家商学院的专业化培训和考试之后才可上岗,并实行阶段性考核。值得一提的是,构家商学院不仅服务于内部的员工,还为加盟构家网的各地城运商全员及施工团队提供系统化的培训。构家商学院是构家网数字化转型的"发动机",对城运商全员及施工团队进行高标准的工程管控、企业管理等各方面培训,真正落地高品质"整家产品"。一位员工在参加构家商学院的培训后提到"这两天学的东西很多。比如说量房,很多人量房是拿着一张平面图、一把尺子,公司已经在量房前把整个空间的各个立面和管线全部数据化,降低了施工过程中对经验等非可控因素的要求"。还有一点,构家网在每一个施工现场都会铺设远程视频监控系统,一方面企业可以远程指导和监督施工过程中出现的各类问题,另外一方面用户只需要通过手机或电脑访问特定IP地址就能随时查看装修进度。

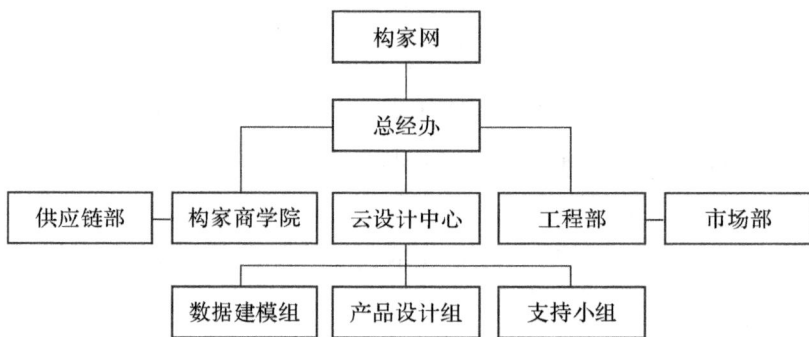

图 4.3　构家网的组织架构

关键举措2:为了实现线下装修公司向基于数字技术的"整家装修"转型,构家网创始人基于多年传统装修行业的行业经验判断,资源的跨行业整合是关键。因此,从2014年开始转型到2015年一年左右的时间,构家网花了很多精力去整合了不同行业的优质资源。在产业链前端,构家网在2014—2015年与200多家家居品牌商建立合作关系,其中包括马可波罗、索菲亚和司米橱柜等知名品牌。以最近一次合作为例,2015年构家网通过长达半年的接触和深入沟通,与广东东鹏控股和金狮王瓷砖达成战略协议。前者是全国规模最大的卫浴产品生产企业之一,而后者是崇尚研发创新、产品远销世界各地的专业瓷砖生产企业。在达成战略合作之后,这两家材料供应商不但直接为构家网提供质量保证和价格优惠的产品,而且双方互派员工进行产品知识、技术和售后服务的学习与培训。值得一提的是,构家网在选择材料提供商时的标准之一是对方必须是一流的业内品牌,这样就从源头上保证了材料的绿色环保。在产业链后端,构家网领导者在全国建立城市运营站,各大城市运营站招募其所在地区优秀的构家工匠,建立起构家4S体验服务中心,直接服务于全国消费者。一家地方4S服务中心的员工在参加完构家网商学院的培训后说道:"这次我带来了整个创业团队,以便更加清晰地理解和运用构家网的整家模式。构家商学院的培训让我意识到可以结合开发商整个楼盘去做打包式服务,我相信我们公司和构家网的合作是可以实现共赢的。"

除了同行业的供应链整合,构家网利用数字技术工具和技术在产品设计、媒体合作等方面实现了跨行业的优质资源互补。一方面,构家网基于云设计平台网罗了全国乃至国外的优秀设计师并直接服务于用户,设计师可以根据不同城市的楼盘特点制作多种风格的"成衣"供用户选择;另一方面,构家网领导者认识到自身企业在经营品牌过程中的能力不足,与多家专业媒体机构达成了合作。例如,授权美通社(亚洲)在全球范围内协助构家网发布公司的新闻和品牌活动,助力构家网成为业内数字技术装饰的领导品牌。美通社(亚洲)负责人说:"之所以选择构家,一方面是因为它颠覆式的商业模式,另一方面是因为可以利用自身媒体资源与构家形成强强联合的双赢局面。"此外,构家网与中国工商银行深度合作开发的具备金融支付功能的构家宝,为用户提供"先装修后付款"的交易模式,从而带来装修款和工程质量的双重保障。

关键举措3:数字技术概念的装修公司一般分为两种:第一种是"装修公司+数字技术渠道",即传统的家装企业把业务渠道拓展到线上,数字技术只是客户导流的一种途径,这一模式并没有改变传统装修行业的本质;第二种是建立数字技术平台,整合各方资源服务目标客户,而这一模式的局限在于缺乏行业经验的数字技术平台,很难真正将装修过程落地。构家网创始人认识到这两种模式的局限性,基于多年的行业经验设计了"整家装修"的商业模式。这一模式的核心在于整合装修过程中前端设计、中端物料、后端施工,通过虚拟全景技术、F2C工厂直供、GES管理系统和构家宝无限额交易等系列创新,为客户提供一个完整和满意的装修产品。

以中端物料为例,传统的流通路径是"工厂—品牌公司—总代理—经销商—卖场—消费者",由于中间环节众多,产品到达消费者手里往往价格虚高。而构家网创始人设计了 F2C 模式,可以直接和品牌厂家签订战略销售协议,将装修过程中需要的材料供货商以及设计和施工等优质资源整合到构家平台中,消费者可以通过构家网进行材料选择、比价、筛选和购买。这一模式使得构家网的全装产品在竞争过程中具备了非常大的质量和价格优势。基于独创的云设计中心,构家能够将"整家"做成系列的产品包,对装修过程中的每一个施工细节进行设计和标准化,施工人员只需要按照设计图纸对每一个细节进行模块化的组装即可。

除了战略驱动的顶层设计,构家网创始人认识到,来自基层的员工创新也是企业转型成功以及获得持续发展动力的重要保障因素,因此十分鼓励和支持员工在工作中提出与实践一些创新想法。构家网各个部门的成员会自发地成立各种创新攻关小组,集合设计部的设计思想、供应链部门的市场信息、工程部的装修信息以及产品部的研发信息,提出各种创新性的解决方案。一旦方案被公司采用,构家网就会对项目团队给予创新奖励。

4.3.2.4　案例分析

由以设计、施工和服务为主的传统家装企业转型为基于数字技术进行云设计、云装修、云计算与云服务的 O2O 企业,构家网采取了多种措施应对转型带来的诸多挑战。第一,公司成立核心部门"云设计中心"并招聘了占公司总员工约一半的全职设计人才,致力于标准化和数据化整个装修过程。第二,成立构家商学院,对企业员工、管理人员、供应商以及分销商进行专业培训,确保各个环节的工程质量以及任务执行符合预设标准。第三,为了将用户体验做到极致,构家网在每一个施工现场都会铺设远程视频监控系统,以便公司和用户实时掌控工程进度与实施质量。

创始人颜传赞和他的团队在分析了"装修公司＋数字技术渠道"与"家装数字技术平台"两种商业模式后,提出了构家网的独特商业模式:利用整家装修的思想整合装修过程中前端设计、中端物料、后端施工,并通过全景技术、工厂直供和购家宝无限额交易等系列创新为客户提供一条龙的装修产品。为了实现这一模式,构家网采用了 F2C 模式,直接和品牌厂家签订战略销售协议,将各类优质资源整合到构家平台,同时,基于独创的云设计中心,将整家做成系列产品包,对装修过程中的每一个施工细节进行设计和标准化。除了顶层驱动的创新,构家网鼓励员工创新,以问题驱动的方式设立"创新攻关小组",整合设计部门、营销部门和供应链部门的集体智慧,研发各类创新性的解决方案。

虽然构家网数字化转型的时间并不长,但是公司通过行业内和行业间的资源整合迅速积累了自己的竞争优势。在一年左右的时间内,构家网与众多家具知名品牌建立了战略合作关系,不仅在产品和质量方面达成协议,而且通过互派员工、相互学习和共同研发的合作方式建立了深厚的合作纽带。此外,为了快速拓展全国市场以及占据先发者优势,构家网通过招募、合作和培训的形式在短时间内以低成本、高质量的方式建立了辐射全国的销售与服务网络。除了同行业的资源整合,构家网还利用数字技术工具和技术在产品设计、媒体合作等方面实现了跨行业的优质资源互补。一方面,公司授权多家知名媒体机构协助发布公司的新闻和品牌活动;另一方面,公司与中国工商银行共同开发了提升用户体验的构家宝金融支付工具。

4.3.3　传化物流

4.3.3.1　案例背景

传化公路港物流有限公司(以下简称传化物流)是传化集团旗下子公司,是中国公路港物流模式的创建者与领航者。传化集团的物流板块从 1997 年开始探索,2002 年以现代物流基地为切入点全面进入物流产业,创造性地开发了公路港物流平台的运作模式。经过十多年的发展,传化物流已经成为集物流基础设施服务和数字技术物流服务于一体的公路物流平台企业,主要通过线下公路港实体网络和线上数字技术物流平台来提升公路物流效率,降低公路物流成本,其打造的"物流＋数字技术＋金融服务"模式已经成为中国传统公路物流数字化转型的典范。

传化物流自成立之初就开始摸索有效的公路物流平台模式,并不断地进行企业转型升级。2000 年,传化集团启动公路物流平台探索,创造性地提出了"物流信息交易中心"的构想,三年后传化公路港物流模式正式在杭州开始运营。2005 年至 2010 年期间,传化物流通过连锁复制策略实现了企业的快速发展,先后拓展了成都公路港、苏州公路港,基于实体平台互联互通的物流信息网络构架初现雏形。2013年至2014年,传化物流针对货运司机和货代企业开发了易配货APP与用于解决物流运输"最先一公里"和"最后一公里"问题的易货嘀APP,全面启动O2O互联化战略。2014年10月,传化物流和中国银联在移动支付等领域展开业务合作,标志着传化物流进入数字技术金融新时代。同年11月,传化物流首次以数字技术企业身份亮相义乌世界数字技术大会。2015年,传化物流加快数字化转型,正式上线了连接货主、承运人和实体平台的运宝网,构建起完整的物流生态圈。2015年3月,华东地区最大物流信息交易平台——无锡公路港——正式启用,传化物流的O2O布局得到进一步延伸。同年4月,传化物流携手国家交通运输物流公共信息平台管理中心推出数字技术物流产品——园区通。同年,传化物流作价200亿元资产注入传化股份,其构建的"物流＋数字技术＋金融"的全新产业生态系统在资本市场获得万众瞩目。

经过十多年的转型升级,传化物流不仅在公路物流领域积累了深厚的用户资源和运营经验,而且探索出一套基于数字技术的公路物流解决方案——运用现代信息技术和数字技术,构建全国化的、线上线下融合的公路物流平台。

4.3.3.2 传统物流数字化转型面临的情境

物流业作为我国的基础性产业,在我国国民经济发展中具有战略性地位。但是,当前中国物流产业,尤其是占据物流行业75％运输量的公路物流,其发展现状却不容乐观。由于公路枢纽共享平台和物流信息系统的缺失,整个公路物流体系运行效率低下。据统计,中国物流成本占物价的40％,物流费用占全国GDP的16％,是欧美的两倍。国务院在2015年印发了《关于积极推进"互联网＋"行动的指导意见》,其中一条意见便提到要用"互联网＋"去改造传统物流行业——用数字技术、信息技术推进货运车联网与物流园区、仓储设施等信息互联,促进人员、货源、车源等信息高效匹配,有效降低货车空驶率,提高配送效率。

处于转型期的公路物流企业,应该对行业有一个充分的认识。一方面,中国公路物流面临的是这样的业态:虽然有1200万辆卡车、3000万名卡车司机和1000万家中小物流公司,但是这三类群体之间就像三座信息孤岛,各方的需求都未能被有效地满足。另一方面,与数字技术相关的技术,如大数据、云计算和移动互联,正不断应用于公路物流中的供应链优化和运输系统管理。传化CEO徐冠巨认为,物流行业的数字化转型在本质上就是用数字技术的信息技术提升物流效率,因此传统物流企业在进行互联转型时应首先考虑将商务物流信息化,并通过特定的应用实现企业与物流需求者之间的信息共享,达到传统物流中的长链条短化的目的。

对于传统物流,物流企业与物流需求者之间常常是一种短期合作关系,这种短期合作关系导致了低效率的物流运作。因此,企业在转型过程中有必要通过数字技术的去中介化特性来定制不同的物流需求(长短途、货物品质等),从而促进物流企业和物流需求者之间建立长期、稳定的合作关系。另外,不同的物流企业在数字情境下开始由原先各自追求利益最大化的竞争关系逐渐转化为竞合关系,传统物流企业只有在不断追求创新的同时与各类第三方建立不同形式的合作,才能在整个物流行业中取得更大的竞争优势。

4.3.3.3 数字化转型下的变革举措

关键举措1:最近一两年来,物流行业涌现出的O2O企业已达数十家,业务范围主要覆盖长途干线货源及车源匹配、同城配送、快递等领域。然而,传化物流经过多年运营汇聚了单个物流企业无法获得的信息流、物流和资金流,并在此资源优势基础上打造了独创性的"物流＋数字技术＋金融"商业模式,因此在行业内还没有找到与传化物流相抗衡的案例。

2014年,传化在首创"公路港"模式的基础上,率先融入数字技术思维并形成线上线下融合的发展模式,提出了"建设公路港城市物流中心,打造全国公路物流运营系统"的数字技术业务架构,形成"云车""云物流"线上线下联动的两大业务系统,意在全面解决公路物流运力采购、车辆调度、货物监控等核心问题。传化物流在传统公路港之上衍生了三个数字技术产品:易配货(车主与司机之间干线长途配货)、运宝网(货主之间交易撮合)、易货嘀(同城短途配货)。目前这三个平台上注册的司机会员达70万名,物流企业有2400家,发货社区(运宝网)流量超300亿。从线下到线上,传化物流定位于中国公路物流的平台整合运营商,形成中国公路物流的O2O全效生态。

更有想象空间的是,传化物流高层为了培育企业未来多元化的利润中心,针对货主、物流企业、货运司机的金融需求打造了基于数字技术的金融服务。

具体地,针对公路物流相关主体,传化物流相继提供了商业保理、小额贷款、保险、供应链金融等产品。此外,传化物流参照阿里巴巴的芝麻信用分金融模式,运用大数据打造了一个系统性的物流征信体系,来降低被服务主体在普惠金融模式下的违约率和损失率。

为了响应互联转型需求,传化物流的高层领导者在核心团队的建设方面实施了许多举措。在人才结构上,引进行业领军人物作为新产品的负责人,组建跨部门、跨职能的新产品开发团队,确保模式创新能够引领行业并迅速推进。同时为了保障模式与产品创新团队的积极性,传化物流增设了创新型项目奖,在创新型项目没有产生当期经营收益时,仍然对产品开发团队进行激励,从而保证组织的持续创新动力。

关键举措 2:2011 年,传化物流在转型初期与世界 500 强普洛斯达成了战略合作,双方在品牌、资本、资源等方面实现了协同互补。依托普洛斯的资本实力与现代化的管理机制,传化物流成功打造了功能完善的现代公路物流枢纽,并快速形成全国网络化布局,为全国性的 O2O 数字技术物流平台提前进行了战略布局。

2014 年,传化与中国银联在支付、金融和资本领域建立战略关系,成为传统物流行业与数字技术、金融行业跨界融合的重要标志。根据合作框架,双方基于物联网、云计算和移动数字技术等新兴技术联合打造了现代化的物流体系。此外,双方还联合打造了一个基于货运服务的银联卡产品和移动支付产品线下线上商圈。

同时,传化物流与政府部门也有非常深入的合作。2014 年,传化物流主导的公路物流系统与浙江省交通厅的运输公共信息平台共同打造了全国范围内的多式联运综合物流网络运营系统。2015 年,传化物流联合国家物流信息平台推出了一款完全基于数字技术的物流产品——园区通。

> 传化物流是全部开放性的平台,平台中形成信息中心、车源中心、司机服务中心、仓储中心,并形成相应的服务配套,这个中心需要众多第三方的参与,无论是物流企业还是在线车货匹配APP,只要满足接入条件,都可以接入传化的平台。
>
> ——传化CEO徐冠巨定位企业的外部合作策略

关键举措 3:传化物流从组织架构设置、团队构建和制度保障等方面来应对企业在互联转型过程中遇到的组织障碍和任务挑战。在组织架构方面,传化物流设置了以云车事业部、云物流事业部及物流金融事业部等纵向业务部门为核心,以运营管理部、平台架构部、会员中心、市场营销部等横向职能部门为支持的双联动管理架构(见图4.4)。其中,云车事业部、云物流事业部和物流金融事业部主要负责易配货、易货嘀、运宝网以及支付、供应链金融等与数字技术相关的业务开发、产品创新和市场推广。这三个部门是专门为线上业务和线下业务协同发展而设立的,并且在设立之初就从战略上确定其重要地位,目的是保证公司在转型实践中可以充分调配核心资源和推进转型进程。

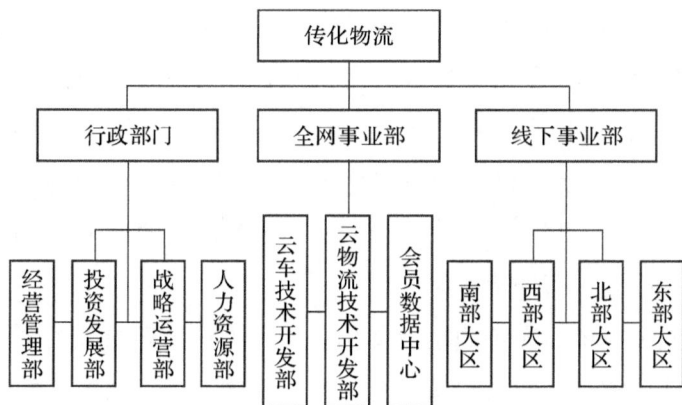

图 4.4 传化物流的组织架构

在团队构建方面,传化物流高管针对线上线下业务的不同特点采取了差异化的组建方式。对于线下业务团队,传化物流将每个公路港作为人才培养的基地,负责为新项目培养和输送人才,同时少量引进外部专业人员,形成具备投资专业能力与公路港经营能力的项目团队。对于线上业务团队,传化内部的人才储备和培养跟不上快速发展的需求,因此主要引进数字技术公司(如 BAT、DHL、FDEX 等)的专业技术人才。例如,传化物流的线上系统总架构师就是从阿里巴巴引进的。另外,为了缓解转型过程中老员工的抵触情绪并实现新旧人才之间的协同效应,传化物流通过各类培训来提升老员工的数字技术知识水平和数字技术思维水平,并让传统的物流团队和新兴的数字技术团队通过项目实践进行分享、学习与进一步的融合。目前,传化物流拥有线上业务团队 500 多人，转型之后的人员数量、学历层次等与转型之前发生了革命性的变化。

为了顺利开展转型过程中的组织任务，传化物流设计并改进了众多流程制度。例如，制定实施了围绕会员身份验证、会员信息发布、会员信用评价、会员投诉处理、服务质量管理和安全事故处理等的诸多管理制度，规范线上业务的开展。

关键举措 4：转型为数字技术物流平台，对传化物流意味着要在商业模式、经营模式和管理模式等方面进行新的探索、创新与变革，但是部分管理者和员工对新的趋势缺乏清醒的认识，在变革过程中没有表现出应有的主动性，拖慢了传化物流初期的转型进度。因此，传化高层的第一个解决方案是重新设计人力资源策略，相继推出了各类分享激励机制，如工资总额管理制、利润分享制、管理者持股计划、创业团队激励，目标是让优秀的员工能与企业分享成果。而且在与员工相关策略的制订和实施过程中给予员工充分的知情权和参与权，让其明晰企业的经营情况以及任务要求，从而将员工目标与组织目标有效地结合起来，增强员工的归属感与认同感，满足员工被尊重、被认可的需求。

重新塑造支持战略变革的企业文化是传化物流处理员工关系的另一个重要措施。为了增强管理人员和基层员工对企业转型的持续关注并明确转型的新要求，传化物流以培训和沟通为载体，向各个层级的员工发动了文化重塑活动，如针对高管的凝心聚力项目、针对中层的众志成城项目和针对基层的总裁沟通会项目，并搭建了多渠道、多形式和常态化的沟通机制，营造了敢于挑战卓越目标的组织环境。这些活动不但在中高层促进了对战略变革的认识和接受，而且让基层员工感受到组织的关怀，增强了员工对新管理团队的信任感，强化了全员对新战略的信心。

与此同时，传化物流在项目实施过程中采用新旧员工团队合作的方式来增进老传化人（物流专业人才为主）与新传化人（数字技术人才为主）之间的包容与认同，这一举措打破了原先的职能边界，促进了新传化人对组织的主动融入，极大地增强了团队面向任务目标的组织合力，最终形成了基于绩效目标达成的团队信任和授权。

4.3.3.4 案例分析

传化物流高管从组织架构设置、团队构建和制度保障等方面来应对企业在互联转型过程中遇到的组织障碍与任务挑战。在组织架构方面，传化物流设置了"以云车事业部、云物流事业部及物流金融事业部等纵向业务部门为核心，以运营管理部、平台架构部、会员中心、市场营销部等横向职能部门为支持"的双联动管理架构。在团队构建方面，传化物流针对线上线下的业务特点采取了差异化的组建方式。例如，通过各类培训来提升老员工的数字技术知识水平和数字技术思维水平，并让传统的物流团队和新兴的数字技术团队通过项目实践进行分享、学习与进一步的融合。此外，为了顺利完成转型过程中的组织任务，传化物流制定并实施了投诉处理、质量管理和事故处理等管理规范制度。

为了向数字技术物流平台转型，传化物流在商业模式、经营模式和管理模式等方面都进行了大刀阔斧的转变。为了保证这一过程的顺利推进，传化物流高层意识到获得员工的支持显得尤其重要。公司相继推出利润分享制、管理者持股计划、创业团队激励等变革人力资源策略来提升员工的变革主动性。同时，传化物流以培训和沟通为载体，通过针对高管、中层和基层的项目，营造了敢于挑战目标并且面向任务的、开放的、合作的组织环境动态性，增强了员工对组织转型的个人信心和组织信任。此外，公司在项目实施过程中采用新旧员工团队合作的方式来增进老传化人与新传化人之间的包容和认同，实现人才存量与增量之间的协同效应。

与市场中众多的物流 O2O 创业企业不同，传化物流基于自身的运营资源打造了创新性的"物流＋数字技术＋金融"商业模式。在首创公路港模式的基础上，公司以解决公路物流运力采购、车辆调度、货物监控等用户痛点开发了易配货、运宝网和易货嘀三个数字技术产品。此外，传化物流参照阿里巴巴的芝麻信用分金融模式，创新性地提供了商业保理、小额贷款、保险、供应链金融等产品。在团队创新支持方面，传化物流积极引进行业领军人物，组建跨部门、跨职能的产品开发团队。同时，传化物流设置创新型项目奖来保障团队的创新积极性。在创新型项目没有产生当期经营收益时，仍然对产品开发团队进行激励。

在传化物流转之初,传化 CEO 徐冠巨就曾公开表示企业的外部合作策略为共创、共赢和共享。在转型初期,传化物流与世界 500 强企业普洛斯达成战略合作,并且依托后者的品牌、资本和资源在全国市场快速布局现代公路物流枢纽。2014 年,公司与中国银联在支付、金融和资本领域的合作成为传化物流跨界数字技术与金融领域的重要标志。此外,依托高管团队的政府背景,传化物流与各个政府部门也有多种形式的深入合作。

4.4 跨案例分析

基于上述 3 家样本企业在互联转型中的关键举措,本研究重点聚焦每个关键行动中样本企业或高层的领导行为。通过跨案例分析,本研究明确了互联转型背景下变革领导力的构思内涵,即企业领导者为有效推进数字化转型进程而实施的一系列促进行为。具体地,变革领导力包含了四个方面的行为:任务激励、个性关怀、创新引领和跨界联合。

4.4.1 "个体-任务"分析框架下的变革领导行为

表 4.3 展现了 3 家样本企业聚焦"个体-任务"的领导行为,包括推行团队合作、招聘优秀人才、优化任务流程、提升员工技能等,其目的是尽可能保证组织在互联转型过程中有效地解决各项任务困难并提升工作效率。从案例材料中可以发现,样本企业的高管团队为完成变革任务实施了明晰角色、团队协作和过程监控等行为。例如:苏宁云商推行小团队以及跨团队的作战方式,迅速执行集团决策;构家网引进数字技术,对新型的施工过程进行监督和控制;传化物流实施了会员信息发布、会员投诉处理、服务质量管理等管理制度,规范数字技术业务的开展。基于上述分析,本研究将变革领导力的第一个维度命名为任务激励。

表 4.3 "个体-任务"分析框架下的变革领导行为

企业	关键举措	维度
苏宁云商	1. 通过三次组织架构调整,打造柔性、敏捷的管理体系	
	2. 推行小团队以及跨团队的作战方式,迅速执行集团决策	
	3. 引入 1600 多名中高层管理人才,并招募了大量数字技术专业人才	
	4. 在 2013—2014 年转型关键时期举办了 6000 多期培训	
构家网	1. 招聘 300 多名专业设计人员,并成立核心部门——云设计中心	
	2. 构家网的施工人员、项目经理或承运商都要经过构家商学院系统化和专业化的培训	任务激励
	3. 引进数字技术对新型的施工过程进行监督和控制	
	4. 鼓励不同部门间的合作行为,定期奖励"创新攻关小组"	
传化物流	1. 设置了双联动管理架构	
	2. 针对线上线下特点采取了内部培养、外部引进差异化的组建方式	
	3. 让传统的物流团队和新兴的数字技术团队通过项目实践进行融合	
	4. 制定信息发布、投诉处理、服务质量监控等管理制度	
	5. 在转型过程中,鼓励新旧员工进行团队合作	

4.4.2 "个体-关系"分析框架下的变革领导行为

表 4.4 展现了 3 家样本企业聚焦"个体-关系"的领导行为,包括沟通变革的必要性、制定激励性政策和营造宽容的文化等,其目的是减少员工对企业互联转型的抵制并提升其参与变革的积极性。从案例分析中可以发现,样本企业的高管为提升员工的变革主动性实施了支持、发展和授权等行为。例如:苏宁云商总部和地方公司通过内部群、微信等方式进行更加有效率的交流与沟通;传化物流通过高管凝心聚力项目、中层众志成城项目和基层总裁沟通会项目向各级员工阐述公司转型的重要性,营造了一种敢于挑战卓越目标的、具有包容性的内部文化。基于上述分析,本研究将变革领导力的第二个维度命名为个性关怀。

表 4.4 "个体-关系"分析框架下的变革领导行为

企业	关键举措	维度
苏宁云商	1.让基层员工参与销售指标的制定	
	2.总部和地方之间通过内部群、微信等方式进行沟通	
	3.构建了由长短期激励组成的变革激励薪酬体系	
	4.经常开展运动会、节日慰问等多种形式活动	个性关怀
构家网	无	
传化物流	1.推出利润分享、管理者持股计划、团队激励等公司政策	
	2.实施高管凝心聚力、中层众志成城和基层总裁沟通会项目	
	3.营造一种敢于挑战卓越目标的、具有包容性的内部文化	
	4.决策中员工有充分的知情权与参与权	

4.4.3 "组织-任务"分析框架下的变革领导行为

表 4.5 展现了 3 家样本企业聚焦"组织-任务"的领导行为,包括构建新的商业模式、采用新的工作方式和鼓励创新等。从案例材料中可以发现,样本企业的领导者为重塑企业的竞争优势实施了鼓励创新、流程优化和模式设计等行为。例如:苏宁云商基于新的数字技术消费特点先后开发了覆盖用户的四端渠道;构家网成立创新攻关小组打造爆款家装产品;传化物流引进行业领军人物负责新产品的开发,并组建了跨部门、跨职能的新产品开发团队。基于上述分析,本研究将变革领导力的第三个维度命名为创新引领。

表 4.5 "组织-任务"分析框架下的变革领导行为

企业	关键举措	维度
苏宁云商	1.基于数字技术消费特点,先后开发了覆盖用户的四端渠道	
	2.重点打造基于数字技术的超级云店	创新引领
	3.鼓励员工通过微博、微信等方式收集顾客的反馈和意见	
	4.设立"1000万元数字技术创新基金",鼓励员工提出创新想法	

续　表

企业	关键举措	维度
构家网	1.通过F2C直供等系列创新为客户提供"整家装修"的数字技术产品 2.公司基于独创的云设计中心，将传统的装修流程数据化和标准化 3.鼓励创新攻关小组整合设计等部门的信息来打造爆款产品	创新引领
传化物流	1.基于运营优势打造了独创性的"物流＋数字技术＋金融"商业模式 2.针对货主、物流企业、货运司机，打造基于数字技术的金融服务 3.引进领军人物负责新产品开发，并组建了跨部门的产品团队 4.增设了创新型项目奖来支持和激励创新活动	

4.4.4　"组织-关系"分析框架下的变革领导行为

表4.6展现了3家样本企业聚焦"组织-关系"的领导行为，包括与合作企业的信息分享、跨行业的资源整合以及与政府部门的商业合作等。从案例材料中可以发现，样本企业的高管通过信息共享、资源交换和外部合作等行为建构了企业变革所需的外部支持。例如：苏宁云商与阿里巴巴交叉持股，双方在电商、物流和支持等领域开展合作；构家网与合作企业互派员工进行产品知识、技术和售后服务的学习；传化物流与浙江省交通厅和国家物流信息平台等政府部门共同开发了数字技术产品。基于上述分析，本研究将变革领导力的第四个维度命名为跨界联合。

表 4.6　"组织-关系"分析框架下的变革领导行为

企业	关键举措	维度
苏宁云商	1.公司高管提出"要与所有数字技术领域中的创新企业建立联系" 2.与美的签订600亿元销售协议，并在智能家具等领域开展合作 3.与阿里巴巴交叉持股，双方在电商、物流和支付等领域开展合作 4.全面开放"物流云"，将仓储配送能力开放给平台商户和合作方 5.投入6000万元打造零售云平台，为其他企业提供数据分析等服务	跨界联合

续　表

企业	关键举措	维度
构家网	1. 在 2014—2015 年与 200 多家家具品牌商建立合作关系	
	2. 与合作企业互派员工进行产品知识、技术和售后服务的学习	
	3. 授权多家专业媒体机构协助发布公司的新闻和品牌活动	
	4. 与中国工商银行联合开发"先装修后付款"的金融支付工具	跨界联合
传化物流	1. 定位开放的公司外部合作策略	
	2. 依托世界 500 强的品牌、资本和资源,快速布局全国网络	
	3. 与中国银联在支付、金融和资源领域建立全面战略合作关系	
	4. 与国家物流信息平台等政府部门打造基于数字技术的物流产品	

5　研究二:变革领导力的量表开发

5.1　研究目的

  基于多案例研究,本书对 3 家典型企业及其高管在互联转型过程中实施的关键举措进行了分析、比较和归纳,并从理论上建构了变革领导力的基本内涵和特征维度。然而,案例研究有其自身的局限性,定性特征和小样本规模使我们很难了解变革领导力的理论边界、影响过程与效能机制。同时,案例研究的概化效度也是一个潜在的问题。[195]因此,通过结合定性和定量方法来对理论进行三角验证逐渐成为管理学研究的一个重要趋势。[196]

  要实现上述目的,需要开发一个变革领导力的量表。在管理学研究中,有两种情况常常需要研究人员自行设计问卷量表:表一,现有量表不能满足研究需求;第二,研究的目的在于测试某西方管理概念的跨文化应用性。[197]很明显,本研究属于第一种情境。前文已经指出,变革领导力在互联转型情境下是一个同时聚焦个体和组织过程的概念。虽然变革领导力与变革型领导力等概念在个体层次具有相似的领导任务和行为表现,但是数字情境要求领导者要更加关注组织任务和外部因素,使得这一情境下的领导力内涵和外延都与一般情境下的领导力有较大区别。因此,要研究变革领导力在互联转型变革背景下的前因后果,仅靠西方现有的变革型领导或者变革领导力量表显然是不够的,甚至是不合适的。

5.2　研究方法

在量表问卷开发过程中,本研究遵循 Hinkin 提出的量表[198]开发步骤,尽量避免开发流程不严谨导致的不恰当取样、不良因素结构和较低水平的内部一致性等问题。具体地,这一标准化的量表开发步骤主要分为产生题项、实施问卷、题项初步精简、验证性因素分析、聚合/区分效度检验和复制六个步骤(见图5.1)。

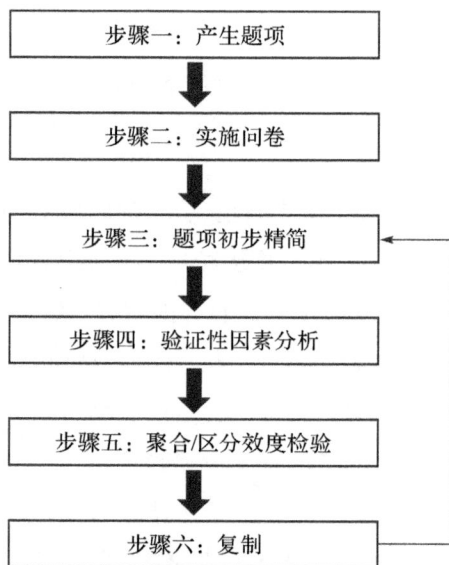

图 5.1　量表开发的一般流程

5.3　题项开发

量表开发的第一个步骤是产生变革领导力的测量题库。为了使得测量题项充分表达各个维度所代表的内涵(内容效度),这一步骤的关键在于为变革领导力的四个维度寻找现有理论和实践中的"佐证"。[198]

首先，本研究对相关领域重要杂志（国外主要是 *The Leadership Quarterly*、*Academy of Management Journal* 和 *Journal of Management*，国内主要是《管理世界》和《南开管理评论》）上和变革情境下与领导力研究有关的代表性实证研究进行了梳理，参照国内外有关的成熟量表、多案例分析中的关键事件和概念本身的操作化定义（见表 5.1），编制了 36 个行为条目。为了确保条目的内容效度，5 名专业人员（3 名企业管理类博士研究生、2 名心理学博士研究生）就变革领导力的每一个条目进行了讨论。本研究综合文字表述、内容表达以及条目在实践中的适用性等标准，得到了变革领导力问卷的初稿。之后本研究进一步让 6 名高层管理人员填写了问卷，并根据他们的意见对题目的用词进行了修订，使之更符合管理实践。

表 5.1　变革领导力的编码、名称与操作化定义

编码	名称	操作化定义
TS	任务激励	在变革背景下，企业高管为完成变革任务而实施的明晰角色、团队协作和过程监控行为（个体-任务）
RD	个性关怀	在变革背景下，企业高管为克服变革阻力而实施的支持、发展和授权行为（个体-关系）
ID	创新引领	在变革背景下，企业高管为重塑企业的竞争优势而实施的鼓励创新、流程优化和模式设计行为（组织-任务）
CI	跨界联合	在变革背景下，企业高管为建构成功变革所需的外部支持而实施的信息共享、资源交换和外部合作行为（组织-关系）

在构建了变革领导力的初始题库后，本研究参照 DeVellis[199] 和潘煜等[200] 的建议与做法——成立专家小组对候选题库进行评价。具体地，本研究邀请了 3 名博士研究生和 3 名企业管理人员，与他们一起对题库进行测评（所有评价者均没有参与过这些题项的前期开发工作，而且他们的评价都是独立完成，因此可以保证其客观性）。在具体操作中，本研究先让评判者熟悉核心概念及四个维度的含义，然后将每一道题项匹配给相应维度（任务激励、个性关怀、创新引领和跨界联合）或选项"都不是"。本研究总共进行了两轮复核校验。第一轮由 3 名博士研究生承担 36 道题项的归类工作。在 3 名博士生归纳之前，本研究对其进行了培训，对变革领导力及其四个维度的具体内涵做了详细的介绍。然

后,从四个维度中各挑选了 1 道题与 3 名博士研究生做了充分讨论。最后,让 3 名博士研究生对所有题项进行维度归类。归类结果如下:

①完全一致:3 名评判者中都将该条目分配到预想的类别中,共有 14 题,比例为 38.89%;

②两人一致:3 名评判者有 2 名将该条目分配到预想的类别中,共有 10 题,比例为 27.78%;

③两人不一致:3 名评判者中只有 1 名将该条目分配到预想的类别中,共有 8 题,比例为 22.22%;

④完全不一致:3 名评判者无人将该条目分配到预想的类别中,共有 4 题,比例为 11.11%。

接下来,本书作者与 3 名研究者进一步探讨了两人不一致和完全不一致的 12 道题目,通过这一步骤删除了 10 道题目并形成 26 道题目供第二轮的反向归类(见表 5.2)。

表 5.2　第一轮归类统计结果

归纳一致性	一致性
3 名博士研究生与研究者归纳的一致	38.89%
2 名博士研究生与研究者归纳的一致	27.78%
1 名博士研究生与研究者归纳的一致	22.22%
3 名博士研究生与研究者归纳的都不一致	11.11%

注:此步骤删减 10 道题,形成 26 道题项,并进一步修订语句表述。

第二轮由 3 名来自不同行业的企业管理者承担 26 道题项的归类工作,培训过程参照 3 名博士研究生。归类结果如下:

①完全一致:共有 14 题,比例为 53.85%;

②两人一致:共有 6 题,比例为 23.08%;

③两人不一致:共有 4 题,比例为 15.38%;

④完全不一致:只有 2 题,比例为 7.69%。

由数据结果(见表 5.3)可知,归纳的一致性(假定 2 名或 2 名以上评判者与预先分类达到一致)由 0.67 提升到 0.77,而且完全不一致性由 0.11 降低到 0.

08,从侧面说明了第一轮的修改取得了较好的效果,以及研究者的归纳是合理并且有效的。通过上述两个步骤,本研究从 36 道题中共删除了 16 道题目并形成变革领导力的初始测量题目(20 道题目)。本研究以 Likert 式五分等级来测量被试者所在企业或企业高管在数字化转型情境下所表现出来的领导行为,由"1 完全不符合"到"5 非常符合",分别为"完全不符合""比较不符合""不确定""比较符合"及"非常符合"。表 5.4 是经过上述步骤后所形成的变革领导力的初始测量题目。

表 5.3 第二轮归类统计结果

归纳一致性	一致性
3 名管理人员与研究者归纳的一致	53.85%
2 名管理人员与研究者归纳的一致	23.08%
1 名管理人员与研究者归纳的一致	15.38%
3 名管理人员与研究者归纳的都不一致	7.69%

注:此步骤删减 6 道题,形成 20 道题项,并进一步修订语句表述。

表 5.4　变革领导力的初始测量题目

维度	编号	题项	文献来源	其他来源
任务激励	TS1	在变革过程中制定了较为明确的目标	Herold et al. (2008)	案例
	TS2	在执行变革任务时鼓励团队合作	Rubin, Munz, Bommer (2005)	案例、操作化定义
	TS3	在执行变革过程中有效地分配了资源	Yukl, Gordon, Taber (2002)	案例、操作化定义
	TS4	在执行变革过程中密切监控各阶段的进展	Herold et al. (2008)	案例、操作化定义
	TS5	在变革过程中常常为员工提供建议和培训	O'Reilly et al. (2010)	案例、操作化定义
个性关怀	RD1	常常和员工沟通变革的必要性	Rubin, Munz, Bommer (2005)	案例
	RD2	联合了大部分员工来支持此次变革	Herold et al. (2008)	案例
	RD3	会对变革中遇到困难的员工给予帮助	Rubin, Munz, Bommer (2005)	案例、操作化定义
	RD4	会奖励员工在变革中所取得的进展	O'Reilly et al. (2010)	案例
	RD5	赋予了员工更多的自主权来实施此次变革	Herold et al. (2008)	案例、操作化定义
创新引领	ID1	常常采用新的方式解决此次变革遇到的问题	Zhang, Bartol (2010)	案例、操作化定义
	ID2	为适应转型的特点构建了新的运营方式	Zhang, Bartol (2010)	案例
	ID3	为鼓励创新设立了专门的奖励制度	Wang, Tsui, Xin (2011)	案例
	ID4	为适应转型环境调整了组织架构	Wang, Tsui, Xin (2011)	案例
	ID5	常常收集用户的反馈来改进产品质量	Wang, Tsui, Xin (2011)	案例

续　表

维度	编号	题项	文献来源	其他来源
跨界联合	CI1	常常参与不同行业的交流活动	无	案例、操作化定义
	CI2	常常与合作企业共享市场或技术信息	Zahra、Bogner（2000）	案例、操作化定义
	CI3	积极探索跨市场、跨产业的技术合作	Zahra、Bogner（2000）	案例、操作化定义
	CI4	致力于整合产业链中的优势资源	Zahra、Bogner（2000）	案例、操作化定义
	CI5	与政府、社区等利益相关部门维持良好的关系	无	案例

5.4 探索性因素分析

基于初始量表的 20 个行为条目,本研究编制问卷并展开调研,以确定最终量表。虽然原则上样本越大因素负荷越稳定,但同时所消耗的资源也越多。目前比较流行的评估指标有三个:①样本规模要大于 200;②样本数/题项数大于 5;③题项数/因子数大于 4。[208]本研究的样本数量、样本数/题项数和题项数/因子数三项指标分别为 210、10.5、5,均满足上述要求。

本次研究的被试者主要是企业基层管理者、中层管理者和高层管理者。总共发放问卷 280 份,实际回收 238 份。在所有问卷回收之后,进行了废卷处理工作,将数据缺失较多、作答不认真以及作答相互矛盾(陷阱题)的问卷剔除,得到 210 份有效问卷,有效回收率为 75%。表 5.5 显示了被试的基本信息。其中,男性 114 人,占 54.29%,女性 96 人,占 45.71%,平均年龄 34.21 岁。社会工作时间和本企业工作时间分别为 11.38 年、4.62 年。大专及以下 5 人,占 2.38%;本科 176 人,占 83.81%;硕士及以上 29 人,占 13.81%。基层管理者 9 人,占 4.29%;中层管理者 138 人,占 65.71%;高层管理者 63 人,占 30.00%。

表 5.5 探索性因素分析阶段被试的背景信息

背景变量	类别	频次/均值	比例
性别	男	114 人	54.29%
	女	96 人	45.71%
学历	大专及以下	5 人	2.38%
	本科	176 人	83.81%
	硕士及以上	29 人	13.81%
职务	基层管理者	9 人	4.29%
	中层管理者	138 人	65.71%
	高层管理者	63 人	30.00%

背景变量	类别	频次/均值	比例
年龄	均值	34.21 岁	
社会工作时间	均值	11.38 年	
本企业工作时间	均值	4.62 年	

注:N=210。

表 5.6 显示了样本企业的基本信息。在企业性质上,民营企业的比例最高,占 56.19%(118 家),其次分别为外资、合资和国有;在企业规模上,员工人数为 101～500 人的企业比例最高,达到了 67.14%(141 家),其次是 501～2000 人、100 人及以下和 2001 人以上的企业;在公司目前所处的发展阶段方面,成长阶段和成熟阶段分别占到了 48.57%(102 家)、46.67%(98 家),其余是起步阶段和衰退阶段;企业平均成立年限为 15.41年;在转型方面,这些企业基本上都进行了推出新产品、组织结构调整、开展新业务和创办新公司等方面的变革实践,其中只有极个别家企业并没有数字技术方面的转型举措。

表 5.6　探索性因素分析阶段样本企业的背景信息

背景变量	类别	频次/均值	比例
企业性质	国有	12 家	5.71%
	民营	118 家	56.19%
	外资	45 家	21.43%
	合资	35 家	16.67%
企业规模	100 人及以下	27 家	12.86%
	101～500 人	141 家	67.14%
	501～2000 人	39 家	18.57%
	2001 人以上	3 家	1.43%

续　表

背景变量	类别	频次/均值	比例
行业类型	IT/数字技术	47 家	22.38%
	零售行业	21 家	10.00%
	快速消费品	24 家	11.43%
	物流行业	21 家	10.00%
	制造业	90 家	42.86%
	其他	7 家	3.33%
发展阶段	起步阶段	8 家	3.81%
	成长阶段	102 家	48.57%
	成熟阶段	98 家	46.67%
	衰退阶段	2 家	0.95%
转型类型(复选)	进入新产业	86 家	40.95%
	创办新公司	87 家	41.43%
	国际化	65 家	30.95%
	兼并收购	66 家	31.43%
	推出新产品	137 家	65.24%
	组织结构调整	116 家	55.24%
	开展新业务	90 家	42.86%
数字化转型(复选)	传播层面	163 家	77.62%
	渠道层面	121 家	57.62%
	供应链层面	125 家	59.52%
	整个组织层面	112 家	53.33%
	无措施	4 家	1.90%
企业成立时间	均值	15.41 年	

注:$N=210$。

　　本研究通过 SPSS 20 统计软件对变革领导力这一概念进行了探索性因子分析(exploratory factor analysis, EFA),从而检验相应题项是否能够代表本书所提出的四因素理论构思。KMO 检验结果显示为 0.95,且 Bartlett 球形检验达到了显著水平,说明数据可以进一步进行探索性因子分析。接着,本研究采用主成分分析,用最大方差法对坐标轴进行旋转,并综合考量特征根大于 1 和碎石图来确定抽取因素的有效数目。本研究将判断一个题项是否保留的标准定为:①在某一因子上的载荷超过 0.50;②且在任两个因素上不超过 0.40。经过第一次探索,得到了变革领导力的四因素结果,如表 5.7 所示,四个因素的特征根值都大于 1,且累计方差解释达到了 70.47%。除此之外,在第一次的探索性因素分析过程中发现因素 1 中的题项 TS5 落入了因素 2,而因素 2 中的题项 RD4 和 RD5 落入了因素 3。经进一步分析,本研究认为题项 TS5 的具体内容"在变革中常常为员工提供建议和培训"可以视作因素 2"个性关怀"的具体表现之一,因此予以保留并且归入因素 2。而题项 RD4"会奖励员工在变革中所取得的进展"与因素 3 中的题项 ID3"为鼓励创新设立了专门的奖励制度"在内容上是重复的,题项 RD5"赋予员工更多的自主权来实施此次变革"与因素 3 的具体内涵不相关,因此决定删除 RD4、RD5 两个题项。

表 5.7　探索性因素分析的初步结果

编号	题项内容	因素 4	因素 3	因素 2	因素 1
TS1	在变革过程中制定了较为明确的目标	0.23	0.22	0.27	0.79
TS2	在执行变革任务时鼓励团队合作	0.30	0.16	0.26	0.78
TS3	在执行变革过程中有效地分配了资源	0.22	0.37	0.40	0.60
TS4	在执行变革过程中密切监控各阶段的进展	0.20	0.42	0.29	0.56
TS5	在变革中常常为员工提供建议和培训	0.22	0.25	0.62	0.38
RD1	常常和员工沟通变革的必要性	0.24	0.26	0.70	0.22
RD2	联合了大部分员工来支持此次变革	0.27	0.25	0.70	0.25
RD3	会对变革中遇到困难的员工给予帮助	0.28	0.30	0.68	0.29
RD4	会奖励员工在变革中所取得的进展	0.23	0.61	0.31	0.29
RD5	赋予员工更多的自主权来实施此次变革	0.37	0.57	0.36	0.17
ID1	常常采用新方式解决变革遇到的问题	0.22	0.54	0.45	0.34
ID2	为适应转型的特点构建了新的运营方式	0.34	0.63	0.28	0.20
ID3	为鼓励创新设立了专门的奖励制度	0.06	0.82	0.16	0.17

续　表

编号	题项内容	因素 4	因素 3	因素 2	因素 1
ID4	为适应转型环境调整了组织架构	0.29	0.69	0.20	0.14
ID5	常常收集用户的反馈来改进产品质量	0.59	0.45	0.01	0.22
CI1	常常参与不同行业的交流活动	0.78	0.22	0.22	0.15
CI2	常常与合作企业共享市场或技术信息	0.72	0.24	0.31	0.15
CI3	积极探索跨市场、跨产业的技术合作	0.69	0.16	0.45	0.11
CI4	致力于整合产业链中的优势资源	0.65	0.16	0.35	0.34
CI5	与政府、社区等利益相关部门维持良好的关系	0.62	0.16	0.11	0.38
各因素分别解释的总方差/%		52.29	7.03	6.36	4.80
各因素累计解释的总方差/%		52.29	59.31	65.67	70.47
内部一致性系数		0.87	0.83	0.86	0.88

注:N=210。

在删除了题项 TS4、RD4、RD5、ID1、ID5 以及调整 TS5 的题项命名(重新命名为 RD6)之后,本研究再一次进行了和前文一样的探索性因素分析,得到表 5.8。结果显示,所有题项在对应的因素上都有大于 0.60 的因子载荷,且四个因素的内部一致性都在 0.75 以上,总解释方差量达到了 71.59%。因此,基于上述结果,本研究认为包含 15 道测量题目的变革领导力具有较好的因素结构。

表 5.8 探索性因素分析的最终结果

编号	题项内容	因素 4	因素 2	因素 1	因素 3
TS1	在变革过程中制定了较为明确的目标	0.22	0.30	0.79	0.22
TS2	在执行变革任务时鼓励团队合作	0.29	0.27	0.81	0.13
TS3	在执行变革过程中有效地分配了资源	0.26	0.37	0.62	0.36
RD6	在变革中常常为员工提供建议和培训	0.26	0.63	0.36	0.21
RD1	常常和员工沟通变革的必要性	0.26	0.72	0.21	0.23
RD2	联合了大部分员工来支持此次变革	0.28	0.77	0.21	0.19
RD3	会对变革中遇到困难的员工给予帮助	0.30	0.71	0.29	0.26
ID2	为适应转型的特点构建了新的运营方式	0.39	0.21	0.25	0.64

续　表

编号	题项内容	因素 4	因素 2	因素 1	因素 3
ID3	为鼓励创新设立了专门的奖励制度	0.08	0.21	0.17	0.84
ID4	为适应转型环境调整了组织架构	0.28	0.24	0.14	0.75
CI1	常常参与不同行业的交流活动	0.77	0.21	0.16	0.21
CI2	常常与合作企业共享市场或技术信息	0.73	0.32	0.12	0.20
CI3	积极探索跨市场、跨产业的技术合作	0.74	0.33	0.15	0.19
CI4	致力于整合产业链中的优势资源	0.69	0.33	0.32	0.14
CI5	与政府、社区等利益相关部门维持良好的关系	0.65	0.07	0.38	0.15
各因素分别解释的总方差 /%		52.45	7.46	6.57	5.11
各因素累计解释的总方差 /%		52.45	59.91	66.48	71.59
内部一致性系数		0.87	0.86	0.86	0.79

注：$N=210$。

从分析结果来看，因素 1 由 3 道题项组成，包括"在变革过程中制定了较为明确的目标""在执行变革任务时鼓励团队合作""在执行变革过程中有效地分配了资源"等，描述的是在变革背景下企业高管为完成变革任务而实施的明晰角色、团队协作和过程监控行为，本研究将这一类领导行为命名为"任务激励"。因素 2 由 4 道题项组成，包括"在变革中常常为员工提供建议和培训""常常和员工沟通变革的必要性""会对变革中遇到困难的员工给予帮助"等，描述的是在变革背景下企业高管为克服变革阻力而实施的支持、发展和授权行为，本研究将这一类领导行为命名为"个性关怀"。因素 3 由 3 道题项组成，包括"为适应转型的特点构建了新的运营方式""为鼓励创新设立了专门的奖励制度""为适应转型环境调整了组织架构"，描述的是在变革背景下企业高管为重塑企业的竞争优势而实施的鼓励创新、流程优化和模式设计行为，本研究将这一类领导行为命名为"创新引领"。因素 4 由 5 道题项组成，包括"常常参与不同行业的交流活动""常常与合作企业共享市场或技术信息""积极探索跨市场、跨产业的技术合作"等，描述的是在变革背景下企业高管为建构成功变革所需的外部支持而实施的信息共享、资源交换和外部合作行为，本研究将这一类行为命名为"跨界联合"。

5.5 验证性因素分析

基于探索性分析所得到的变革领导力问卷,本研究进一步通过验证性因素分析(confirmatory factor analysis,CFA)对模型的构思维度进行严格检验。本次研究的被试是企业基层管理者、中层管理者和高层管理者,问卷主要通过企业实地走访、在线平台样本服务收集而来。总共发放问卷 432 份,实际回收 388 份。在所有问卷回收之后,进行了废卷处理工作,将数据缺失较多、作答不认真以及作答相互矛盾(陷阱题)的问卷剔除,最后得到 316 份有效问卷,有效回收率为 73.15%。表 5.9 显示了被试的基本信息。其中,男性 170 人,占 53.80%,女性 146 人,占 46.20%,平均年龄 34.67 岁。社会工作时间和本企业工作时间分别为 11.43 年、4.72 年。大专及以下 23 人,占 7.28%;本科 250 人,占 79.11%;硕士及以上 43 人,占 13.61%。基层管理者 41 人,占 12.97%;中层管理者 190 人,占 60.13%;高层管理者 85 人,占 26.90%。

表 5.9 验证性因素分析阶段被试的背景信息

背景变量	类别	频次/均值	比例
性别	男	170 人	53.80%
	女	146 人	46.20%
学历	大专及以下	23 人	7.28%
	本科	250 人	79.11%
	硕士及以上	43 人	13.61%
职务	基层管理者	41 人	13.00%
	中层管理者	190 人	60.13%
	高层管理者	85 人	26.90%
年龄	均值	34.67 岁	
社会工作时间	均值	11.43 年	
本企业工作时间	均值	4.72 年	

注:$N=316$。

表 5.10 显示了样本企业的基本信息。在企业性质上,民营企业的比例最高,占 62.66%(198 家),其次分别为国有、合资和外资;在企业规模上,员工人数为 101~500 人的企业比例最高,达到了 48.10%(152 家),其次是 100 人及以下、501~2000 人和 2001 人以上的企业;在公司目前所处的发展阶段方面,成熟阶段、成长阶段和变革阶段分别占到了 49.37%(156 家)、26.27%(83 家)、20.89%(66 家),其余是起步阶段(9 家)和衰退阶段(2 家);企业平均成立年限为 16.79 年。在转型方面,这些企业基本上都进行了推出新产品、组织结构调整、开展新业务和创办新公司等方面的变革实践,其中只有极个别企业没有数字技术方面的转型举措。

表 5.10 验证性因素分析阶段样本企业的背景信息

背景变量	类别	频次/均值	比例
企业性质	国有	51 家	16.14%
	民营	198 家	62.66%
	外资	33 家	10.44%
	合资	34 家	10.76%
企业规模	100 人及以下	89 家	28.16%
	101~500 人	152 家	48.10%
	501~2000 人	46 家	14.56%
	2001 人以上	29 家	9.18%
行业类型	IT/数字技术	55 家	17.41%
	零售行业	24 家	7.60%
	快速消费品	26 家	8.23%
	物流行业	19 家	6.01%
	制造业	160 家	50.63%
	其他	32 家	10.13%

续　表

背景变量	类别	频次/均值	比例
	起步阶段	9 家	2.85％
	成长阶段	83 家	26.27％
发展阶段	成熟阶段	156 家	49.37％
	变革阶段	66 家	20.89％
	衰退阶段	2 家	0.63％
	进入新产业	83 家	26.27％
	创办新公司	55 家	17.05％
	国际化	67 家	21.20％
转型类型(复选)	兼并收购	60 家	18.99％
	推出新产品	190 家	60.13％
	组织结构调整	176 家	55.70％
	开展新业务	207 家	65.51％
	传播层面	61 家	19.30％
	渠道层面	91 家	28.80％
数字化转型	供应链层面	94 家	29.75％
	整个组织层面	60 家	18.99％
	无措施	10 家	3.16％
企业成立时间	均值	16.79 年	

注:$N=316$。

接着,本研究对核心概念变革领导力的测量模型进行验证性因素分析。验证性因素分析的基本原理是检验一组可测量变量(显变量)与一组可以解释测量变量的因素(潜变量)之间的关系,可以帮助研究者确认理论构思的正确性。[210]在进行验证性因素之前,本研究基于其他学者的研究基础和本书的分析框架,构建了三个竞争性的备择模型(M1、M2、M3)和 1 个假设模型(M4)。具体见图 5.2。

备择模型一(M1)假设所有题项聚合在同一维度上,成为一个统一的变革领导力维度。备择模型二(M2)假设个体层面的任务激励(3 道题)和个性关怀

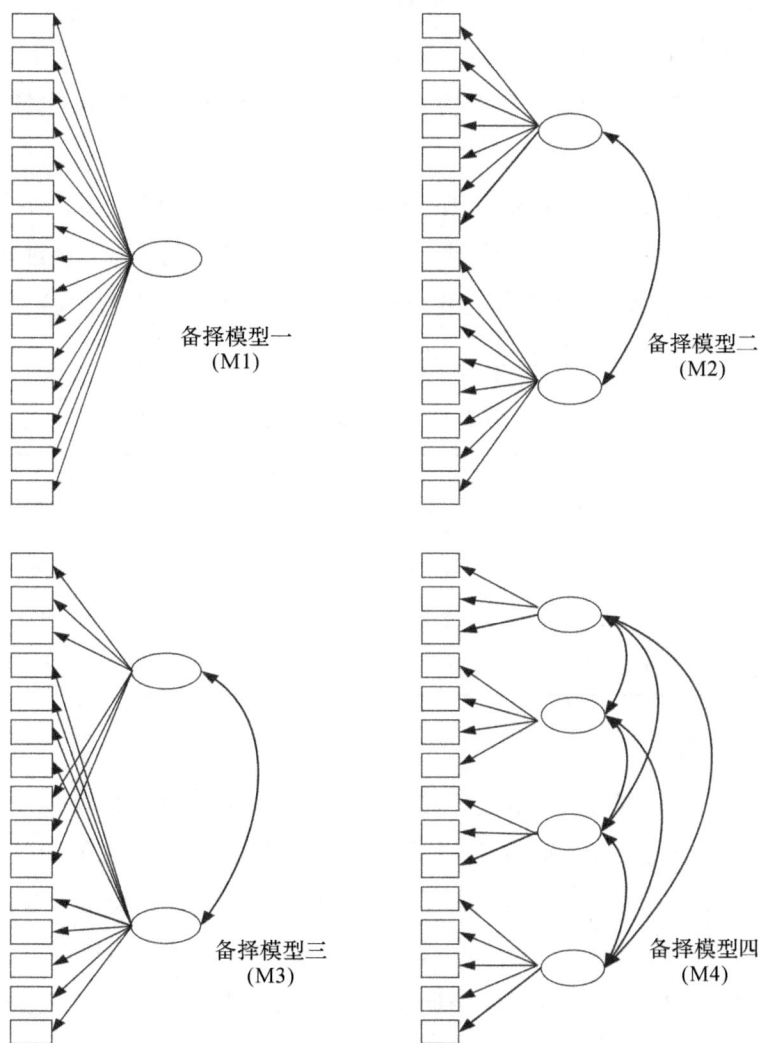

图 5.2　变革领导力的验证性因素分析:竞争性模型分析

(4 道题)这两个维度的题目聚合在一个维度上,而创新引领(3 道题)和跨界联
合(5 道题)聚合在另一维度上。这一假设源于变革型领导双层模型[88],即变革
型领导可以分为个体聚焦和团队聚焦两个层面,本研究进一步拓展为个体聚焦
和组织聚焦两个层面。备择模型三(M3)假设个体层面的任务激励(3 道题)和
组织层面创新引领(3 道题)聚合在一个维度上,而个体层面的个性关怀(4 道
题)和组织层面的跨界联合(5 道题)聚合在另一维度上。这一假设依据是变革

领导力的"任务导向-关系导向"分析框架[55]，该框架模型在解释组织变革背景下领导力行为时能取得更为一致的预测结果。备择模型四(M4)是本研究通过多案例分析和探索性因素分析得到的理论模型，包括了任务激励、个性关怀、创新引领和跨界联合四个维度。

本研究采用 AMOS 20 软件进行验证性因素分析。根据 Hu、Bentler[210]的建议，选取了绝对拟合指标[包括卡方(χ^2)、卡方/自由度(χ^2/df)、渐进残差均方(RMSEA)和平方根(SRMR)]以及相对指标(包括 TLI、CFI)作为判断备择模型和假设模型之间优劣的依据。结构方程检验结果见表 5.11。

表 5.11　拟合指标对比

模型	χ^2	df	χ^2/df	RMSEA	SRMR	TLI	CFI
M1	484.40	90	5.38	0.12	0.06	0.82	0.85
M2	376.95	89	4.24	0.10	0.06	0.87	0.89
M3	412.92	89	4.64	0.11	0.06	0.86	0.88
M4	142.19	71	2.00	0.06	0.04	0.96	0.96

注：$N=316$。

根据以往研究的建议，本研究对六个指标的经验值判断做出以下规定：χ^2用于不同模型比较时，该值越小，表明理论模型与实际数据的拟合程度越高。χ^2/df 的值为 1—3 时，表示模型拟合较好，小于 5 表示可以接受。RMSEA 和 SRMR 的值小于 0.08 时，表示模型拟合较好；0.08—0.1，表示模型可接受。对于相对指标 TLI 和 CFI，这两个指标越接近 1，表示模型拟合越好，一般而言，这两个指标都要不低于 0.90。

基于上述标准和表 5.11 的结果，可以看出：M1 所假设的变革领导力的单维度构思并不能与数据相拟合；基于变革型领导双层模型所假设的 M2 以及基于变革领导力"任务导向-关系导向"分析框架所假设的 M3 也都不能够与数据进行良好的拟合。而本研究基于"个体聚焦-组织聚焦"和"任务导向-关系导向"分析框架所提出的变革领导力四维度模型 M4 优于其他三个模型，且展现了非常好的数据拟合结果($\chi^2/df=2.00$；RMSEA$=0.06$；SRMR$=0.04$；TLI$=0.96$；CFI$=0.96$)，因此本研究最终决定选择 M4 作为变革领导力的最终测量模型,路径系数结果如图 5.3 所示。

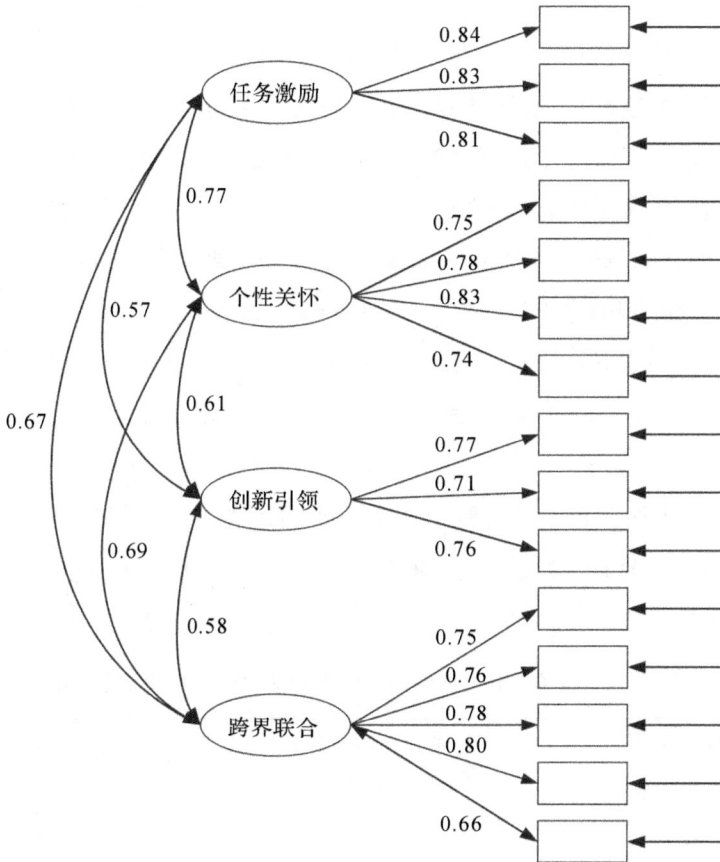

图 5.3　变革领导力的最终测量模型

5.6　聚合效度、区分效度和效标关联效度的分析

通过探索性因素分析和验证性因素分析,本研究得到了由 15 道题构成的变革领导力测量量表。一般而言,在探讨变量间关系之前,这些变量在测量上应当是准确的、可以加以区分的。接下来,本研究将分析变革领导力的聚合效度、区分效度和效标关联效度,这三个效度是推论变量间关系的重要前提。[196]

5.6.1 聚合效度和区分效度分析

聚合效度(convergent validity)是指运用不同测量方法测定同一特征时测量结果的相似程度,即不同测量方式应在相同特征的测定中聚合在一起。[211]具体的检验可以从三个方面进行:①因素载荷,判定的标准是所有因素载荷的路径系数要达到显著水平,且值要高于 0.70(高于 0.50 为最低可接受值);②平均抽取变异量(average variance extracted,AVE)要大于 0.50;③组合信度(composite reliability,CR)要高于 0.70(0.60 为最低可接受值)。经分析,变革领导力的四个因素载荷绝大部分都在 0.70 以上(除了 CI5=0.66,见图 5.3)。根据平均提取方差的公式 $\rho_v = (\sum\lambda^2)/n$ 和组合信度的公式 $\rho_c = (\sum\lambda)^2/[(\sum\lambda)^2 + \sum\theta]$,本研究计算得到任务激励、个性关怀、创新引领和跨界联合的 AVE 和 CR(见表 5.12),结果显示各个数值都达到了临界值的要求。因此,本研究通过因素载荷、平均抽取变异量和组合信度三个指标判定,变革领导力具有较好的聚合效度。

表 5.12 变革领导力四个维度的平均抽取变异量和组合信度

四个维度	平均抽取变异量	组合信度
任务激励	0.68	0.87
个性关怀	0.60	0.86
创新引领	0.56	0.79
跨界联合	0.56	0.87

区分效度(discriminant validity)是指在应用相同方法测量不同特征或构思时,所观测到的数值之间应该能够加以区分,即不同特征的测量结果之间不应有强相关。[212]在具体方法操作上,当测量中的项目因素本身的平均萃取变量大于其他任何两个建构的项目因子的共同方差(或相关系数平方值)时,则表示测量模型具有良好的区分效度。[212]根据 SPSS 20 的运算,变革领导力四个因素之间的相关系数如表 5.13 所示。比较表 5.12 和表 5.13,发现四个因素的平均抽取变异量都大于它们之间相关系数的平方值,因此本研究中的变革领导力具有较好的区分效度。

表 5.13　变革领导力四个维度的均值、标准差和相关系数

变量	M	SD	1	2	3	4	5
变革领导力	3.93	0.69	**0.93**				
任务激励	4.10	0.81	0.84**	**0.86**			
个性关怀	3.89	0.81	0.89**	0.71**	**0.85**		
创新引领	3.76	0.87	0.79**	0.57**	0.61**	**0.79**	
跨界联合	3.96	0.75	0.88**	0.67**	0.69**	0.58**	**0.87**

注：$N = 316$；* 表示 $p < 0.05$，** 表示 $p < 0.01$；加粗显示的为 α 信度系数。

5.6.2　效标关联效度分析

聚合效度和区分效度主要考量测量过程是否充分反映目标概念的理论内涵，在此基础上，可以进一步借助变量间的因果关系对变革领导力的效标关联效度进行检验。效标关联效度是指测量概念与预测指标之间的相关关系，包含了预测效度和同时效度。在实际操作中，研究者难以进行分时段取样（预测效度），因此王重鸣建议更具可操作性方法的是采用测量概念与工作绩效之间的相关关系（同时效度）[211]。本研究选取了组织层面的运营绩效和个体层面的创新绩效，检验两者与变革领导力及其四个维度之间的相关性。本研究假设，变革领导力及其四个维度与组织运营绩效和个体创新绩效都有较强的相关性。具体地，本研究采用了Ketkar、Sett 的量表[214]（信度系数为 0.89），企业高管从五个方面评价自己公司的运营绩效，包括"公司的客户满意度显著提高""公司产品或服务质量显著提高""公司在核心人才的吸引和保留上表现良好"等。另外，本研究采用了 Farmer、Tierney、Kung-Mcintyre 的量表[215]（信度系数为 0.87），企业员工从四个方面评价自己的创新绩效，包括"我经常尝试新点子和新方法""我经常在业务上提出独创的、开拓性的想法"和"我是公司中具有创造力的典范"等。

在方法上，本研究采取相关分析检验变革领导力及其四个维度和绩效之间的相关关系（见表 5.14）。结果显示，变革领导力及其四个维度与两个结果变量之间全部显著正相关。具体地，变革领导力与组织运营绩效高度相关（$r = 0.60, p < 0.01$），任务激励（$r = 0.53, p < 0.01$）、个性关怀（$r = 0.50, p < 0.01$）、创新引领（$r = 0.51, p < 0.01$）和跨界联合（$r = 0.51, p < 0.01$）四个维度均与组

织运营绩效显著相关；变革领导力与个人创新绩效高度相关（$r=0.49$，$p<0.01$），任务激励（$r=0.43$，$p<0.01$）、个性关怀（$r=0.39$，$p<0.01$）、创新引领（$r=0.39$，$p<0.01$）和跨界联合（$r=0.46$，$p<0.01$）四个维度均与个体创新绩效显著相关。因此，可以得出结论：变革领导力具有较高的效标关联效度。

表 5.14　变革领导力的效标关联效度

变量	运营绩效（组织层面）	创新绩效（个体层面）
变革领导力	0.60**	0.49**
任务激励	0.53**	0.43**
个性关怀	0.50**	0.39**
创新引领	0.50**	0.39**
跨界联合	0.51**	0.46**

注：$N=316$；* 表示 $p<0.05$，** 表示 $p<0.01$。

5.7　研究小结

研究一的多案例研究基于典型企业在互联转型过程中的关键举措，建构了变革领导力的基本内涵和特征维度。但是如果要进一步研究变革领导力的形成过程和效能机制，需要对概念构思进行定量测量。因此，本研究严格按照量表开发的关键步骤对数字情境下变革领导力的概念进行了开发。

具体地，本研究首先通过文献回顾、深度访谈和操作化定义构建了最初的36道关于变革领导力的题目，接着通过专业评审（学术专家和实践专家）对问卷进行了修订，进而获得包含20道题目的初始测量量表。然后，通过探索性因素分析方法剔除其中的5道题目，剩余的15道题目在四个因素上有较好的载荷表现。最后，通过第二轮的大规模问卷调研对变革领导力的四维度结构进行验证性分析，同时对该概念的聚合效度、区分效度和效标关联效度进行了检验。结果显示，基于"个体聚焦-组织聚焦"和"任务导向-关系导向"分析框架提出的变革领导力具有较好的理论构思，这一结果为接下来的定量研究奠定了基础。

6 研究三:变革领导力的适应机制

6.1 研究目的

对大多数企业来说,全球化、开放性和海量信息等数字技术特征打破了原有的社会结构、经济结构、关系结构、地缘结构甚至文化结构,结构被重塑的同时带来很多要素如关系、连接、规则和沟通方式的转变,因此组织面临的情境由于数字技术的快速发展发生了巨大变化。Hannah 等认为特定的情境会产生独特的权变因素、约束条件和因果关系,因此要求学者嵌入具体情境来研究领导力。[216] Osborn、Hunt、Jauch 也指出,领导力的情境化研究是指研究者要意识到领导力概念本身是一个社会建构的情境嵌入过程,其有效性在很大程度上依赖于情境。[10] 因此,一旦情境发生改变,领导力也将发生改变。通过关注领导力的情境化研究可以达到两个目的:第一,丰富和提炼现有的领导理论,尤其是变革情境下的领导力研究;第二,在组织领导力与其发挥效用的特定情境之间建立有效联系。基于上述观点,本研究认为组织需要采用情境化的领导行为来应对数字化转型实践。

研究一和研究二已经开发了针对数字化转型下的领导力概念——变革领导力,那么数字化转型具有哪些独特的情境,这些情境又是如何对变革领导力产生影响的? 对这些问题的解答需要识别出数字化转型的关键情境,并进一步阐述这些情境究竟是如何影响数字化转型情境下的变革领导力的。另外,

Hannah 等开发的情境分析模型[215]指出,情境因素往往是多层面的,它对情境化领导力的影响还会受到组织性质或组织条件的影响。具体地,情境分析模型引入了一系列与组织相关的弱化因素(attenuator)和强化因素(intensifier),来解释它们在情境因素和情境化领导力之间所起的调节作用。在文献回顾部分,本书已经基于数字技术的情境特征提炼出了影响变革领导力的重要情境因素,分别为环境动态性、运营互联性和任务协作性。因此,本研究积极响应管理学一级期刊 AMJ "构建特定情境的管理理论"的号召,通过 Wang 提出的"问题驱动"和"情境嵌入"的研究范式[9]来探索数字情境因素对变革领导力的影响作用,并进一步分析创新文化这一重要组织因素在上述关系中所发挥的调节作用,从而更好地揭示变革领导力的适应过程。

6.2　研究假设

6.2.1　数字情境与变革领导力

6.2.1.1　环境动态性与变革领导力

Beugré、Acar、Braun 认为,领导力并不是某个人拥有的特质属性,而是领导者或者组织在面临特定环境时所表现出的行为。[216]波动性和复杂性使得环境变得愈来愈难预测,因此在这种情境下可能会影响组织内不同类型的领导力的出现。[218]本研究认为,变革领导力是在数字化转型这一类动态外部环境中所出现的特定类型的变革领导行为。

Bass、Avolio 认为,变革导向的领导行为更容易出现快速变化的技术或市场环境。[130]在快速变化的数字技术环境中,组织同时面临着开发新战略、新产品、新服务或者新技术的机会和挑战。企业的流程、经营和管理与数字技术的融合对成员提出了新的任务要求,同时成员也需要组织为他们提供清晰的发展方向、任务说明和领导反馈。在快速变化的环境中,组织内的成员往往不清楚外部发生的变化或者不知道如何应对这些变化,因此他们只能依赖领导者在此情景下表现出的特定变革行为。而变革领导力不仅可以通过愿景来协调员工的一致性，还可以增强他们对变革的希望和信念，并动员他们投身于实现愿景的实际行动中，最终帮助组织在变革环境中有效适应外部变化。

变革领导力的出现是出于组织战略调整的需要。在波动性较大的环境中，新的领导方式有助于开发各类隐性知识，有利于动态能力的形成。[218]如果没有变革导向的领导者，组织无法顺利完成组织战略的重新设计。此外，组织在原有环境中所形成的认知在变革环境中变得不再那么有效[220]，而变革导向的领导者不仅能够提升组织的战略灵活性，而且能够改变和创建组织的外部环境条件[220]，这样的领导行为能够帮助组织预测并适应动态的外部环境。基于上述讨论，本研究提出下述假设。

假设 1：环境动态性越强，越需要企业采用变革领导力及其(a)任务激励、(b)个性关怀、(c)创新引领、(d)跨界联合四类行为进行应对。

6.2.1.2 运营互联性与变革领导力

根据前文分析，本研究将运营互联性定义为数字技术在多大程度上影响企业的重要经营活动。数字技术的开放性、去中心化和分布式三个特征深刻影响了企业的文化、策略、运营、组织架构、合作伙伴等各个组织要素，使得企业与外部环境或其他形式的组织之间能够以丰富和创新的方式建立联系并不断创新传统价值链中的运营范式。为了适应快速变化的数字技术环境，企业需要从传统的层级式、集中化转向分布式、网络状的组织管理。

一方面，数字技术变革作为一种弱情境，变革导向的领导行为更有可能在弱情境中出现。[128]相对于强情境下组织任务的结构化和明确性，弱情境下的组织任务是模糊性且非结构的，因此组织成员对外部的理解、期望和行动模式具有较大的不确定性，他们在弱环境中感知到的模糊性以及对变革导向行为的期待为变革领导力的出现和发挥作用提供了机会。

另一方面，大多数企业之所以选择转型来增强业务的互联性，是因为线上模式给企业的线下经营带来了巨大的危机。现有研究指出，在面临动荡和压力时，先前普遍被接受的解决方案和组织安排不再那么有效，而未来发展又有很大的不确定性和令人害怕，因此组织内成员对组织的生存产生了怀疑，同时先前共享的信念、价值观以及个体的基本假设也遭到了破坏。[221]在这种情况下，组织成员渴望有一个强有力的领导者来指引未来的发展方向。此外，也有学者指出危机的发生为领导者提供了这样一个机会:他们可以采取在稳定环境中不被允许的大胆行动,而这些行动恰恰是变革领导行为的具体表现。基于上述讨论,本研究提出下述假设。

假设2:运营互联性越强,越需要企业采用变革领导力及其(a)任务激励、(b)个性关怀、(c)创新引领、(d)跨界联合四类行为进行应对。

6.2.1.3 任务协作性与变革领导力

随着组织任务变得更加复杂、模糊和创新,现代组织越来越需要进行跨团队合作来处理各种环境干扰。[222,223]通过不同部门之间的协作,组织可以获得各类信息和资源。对于任务协作性,本研究将其定义为企业在数字化转型过程中的各项工作行为在多大程度上强调进行跨边界合作。全球化、开放性和海量信息的数字技术特征打破了原有的社会结构、经济结构、关系结构、地缘结构甚至文化结构,结构被重塑的同时带来很多要素如关系、连接、规则和沟通方式的转变,使得当前的创新方式发生了根本性变化——呈现出从小众主体到大众群体、从单一创新能力到开放协同创新等新的特点。同时,企业数字化转型的一个重要特征是产品或服务的虚拟化和数字化,这一转变要求企业更多地借助数字技术工具和技术整合企业、员工、客户及合作伙伴,并实现数据交互、信息共享,以及事务的大协同。此外,数字情境下的海量数据不仅容量大、类型多,还具有价值高和速度快等特征。因此,单一个体、团队甚至是组织仅依靠自身能力可能无法有效快速地处理这些对企业发展至关重要的信息。所以,数字情境下的组织任务更加动态化、柔性化和协同化。

一方面,企业在数字化转型过程中之所以进行更多的任务协作活动,是因为面临的任务不但较为复杂,而且具有很大的挑战性。Howell 认为这些任务往往需要额外的承诺和努力,组织成员有可能会因一时的挫折、缺乏进展以及频繁地应对结构不良的问题而产生沮丧或气馁的情绪。[224]在这种情况下,唯一的办法是诉诸认同和价值观,在任务和角色上灌输意义和目的,或者强调集体主义规范。也就是说,任务本身的复杂性呼吁变革导向的领导行为。此外,数字化转型过程中时刻发生的变化以及突发事件导致组织任务往往是非结构化或者非路径依赖的,因此需要组织采用跨部门主导的结构设计。Pawar、Eastman 提出,相比于单一部门主导的组织,各部门之间协作性越强的组织越容易产生变革导向的领导行为。[136]

另一方面,领导者可以通过框架调整、榜样行为、呼吁共享价值以及在成员的自我概念和组织使命之间建立联系等变革导向的行为来影响下属行为。基于上述讨论,本研究提出下述假设。

假设3:任务协作性越强,越需要企业采用变革领导力及其(a)任务激励、(b)个性关怀、(c)创新引领、(d)跨界联合四类行为进行应对。

6.2.2 创新文化的调节作用

一方面,创新文化在组织研究中被视为有价值的组织资源,会促进企业的可持续发展[226],而情境分析模型指出组织资源是一种重要的"弱化"因素,会削弱情境的极端性对情境化领导力的需求。另一方面,Hannah 等的情境分析模型还指出员工的心理资源是另一种重要的"弱化"因素[215],而组织文化的相关研究指出创新性文化是员工获取心理资源的重要基础。因此,本研究认为创新文化是一种重要的弱化因素,能够削弱数字情境特征(环境动态性、运营互联性和任务协作性)对变革领导力的需求,因此选择创新文化作为变革领导力情境化适应过程中的调节变量。接下来,本研究将详细论证创新文化在数字化转型下的三个情境因素与变革领导力之间所起的调节作用。

首先,当组织具有较强的创新文化时,环境动态性这一数字情境对变革领导力的积极影响将被削弱。原因主要有两个:第一,组织员工在动态环境中的不适、恐惧和不确定性等负面情绪在创新文化较强的组织中受到抑制,而自我效能感、积极乐观、希望等正面情绪得到进一步激发。[226]与创新文化较弱的组织相比,变革领导力的员工需求在创新文化较强的组织中被削弱了。第二,创新文化较强的组织,其认知协调性往往更具适应性。[227]因此,当外部环境发生较大变化时,创新文化能够帮助组织增强战略灵活性,预测并适应动态的外部环境。在某些情况下,创新文化还会重塑整个组织对外部环境条件的积极判断。与创新文化较弱的组织相比,变革领导力的外部适应要求在创新文化较强的组织中被削弱了。因此,本研究认为创新文化是环境动态性和变革领导力之间的"弱化"因素,其调节作用是负向的。

其次,当组织具有较强的创新文化时,运营互联性这一数字情境对变革领导力的积极影响也将被削弱。创新文化会影响组织对外部环境的判断决策，进而改变其战略需求。[228]当组织形成鼓励创新、尊重多元视角氛围时（较强的创新文化），在面临数字技术冲击时就具备了一定的组织资源支持。另外，创新文化较强的组织，其组织结构往往更加扁平化、分权化和具有低复杂性，这一组织结构在数字情境下往往更加有效，因此企业的重要经营活动（决策、沟通产品开发等）受数字技术的影响程度相对较低。与创新文化较弱的组织相比，创新文化较强的组织在面对数字化转型时受到的冲击相对较小，对变革领导力的需求就没那么强。因此，本研究认为创新文化是运营互联性和变革领导力之间的"弱化"因素，其调节作用是负向的。

最后，当组织具有较强的创新文化时，业务协作性这一数字情境对变革领导力的积极影响也将被削弱。原因主要有两个：第一，创新文化作为组织资源，支持组织成员进行跨边界的合作行为。[229]在数字化转型之前，创新文化较强的组织往往已经建立有效的沟通和协作机制，因此员工在转型过程中能更好地适应数字情境引起的非结构化、非路径依赖的任务要求，并进而降低了对变革领导力的需求。第二，任务协作性往往要求组织员工付出额外的承诺和努力，他们有可能会因一时的挫折、缺乏进展以及频繁地应对结构不良的问题而产生气馁情绪或者放弃行为，因而需要变革领导力进行引导。但是，创新文化较强的组织会鼓励员工更加积极、主动地看待环境所造成的挫折，使得员工对变革领导力的需求降低了。因此，本研究认为创新文化也是一种"弱化"因素，它在任务协作性和变革领导力之间的调节作用是负向的。

综上所述，本研究提出如下假设。

假设 4：创新文化削弱了环境动态性这一情境对变革领导力及其（a）任务激励、（b）个性关怀、（c）创新引领、（d）跨界联合四类行为的影响。

假设 5：创新文化削弱了运营互联性这一情境对变革领导力及其（a）任务激励、（b）个性关怀、（c）创新引领、（d）跨界联合四类行为的影响。

假设 6：创新文化削弱了任务协作性这一情境对变革领导力及其（a）任务激励、（b）个性关怀、（c）创新引领、（d）跨界联合四类行为的影响。

6.2.3 研究三的理论框架

研究三的理论框架如图 6.1 虚线框里的内容所示。

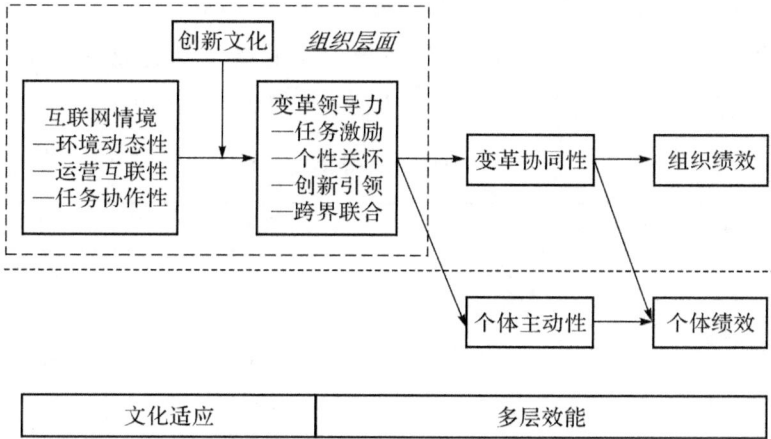

图 6.1 研究三的理论框架(虚线部分)

6.3 研究方法

6.3.1 样本

本研究在 2015 年 12 月向 102 家企业发放了"领导-员工"配套问卷,其中领导版问卷由企业的高层管理者(CEO、创业者或核心部门管理者)填写,员工部分由公司内不同部门或者不同团队的员工填写。为了尽可能地提升样本的代表性,本研究从三个不同方面做了努力:第一,在样本的来源方面,尽可能选择浙江、上海、北京等经济发达地区,这些地区的企业受数字技术影响的可能性更大;第二,在依托各类关系寻找目标企业时,过滤掉那些完全没有数字技术实践的企业;第三,在问卷设计时,有 1 道备用题测的是企业是否在实践中应用数字技术以及应用的程度。截至 2016 年 2 月上旬,本研究成功回收了 78 家企业的402 份问卷。在检查问卷之后,删除了数据缺失严重、填写质量较差、"领导-员工"不能匹配、完全没有数字化转型实践等问卷,最终获得了 73 份企业高管的问卷和 377 份员工的问卷。因此,企业层面的有效回收率为 76.40%,员工层面的有效回收率为 71.60%。

表 6.1 显示了参与调研的样本企业的背景信息。具体地,大部分样本来自民营企业,比例高达 84.9%。企业规模方面,50 人及以下占 42.5%,2001 人及以上也达到 19.2%。行业类型方面,大部分企业属于制造业,占 34.2%。另外,大部分样本企业都处于成长阶段(47.9%)和变革阶段(19.2%)。

表 6.1 样本企业的背景信息

背景变量	类别	频次	比例
企业性质	国有	4 家	5.5%
	民营	62 家	84.9%
	外资	2 家	2.7%
	合资	5 家	6.8%
企业规模	50 人及以下	31 家	42.5%
	51~100 人	12 家	16.4%
	101~500 人	12 家	16.4%
	501~2000 人	4 家	5.5%
	2001 人及以上	14 家	19.2%
行业类型	IT/数字技术	26 家	35.6%
	零售	1 家	1.4%
	快速消费品	1 家	1.4%
	物流行业	4 家	5.5%
	制造业	25 家	34.2%
	其他	16 家	21.9%
发展阶段	初期阶段	10 家	13.7%
	成长阶段	35 家	47.9%
	成熟阶段	13 家	17.8%
	变革阶段	14 家	19.2%
	衰退阶段	1 家	1.4%

注:$N=73$。

表 6.2 则显示了样本企业领导问卷填写者的背景信息。在性别上,男性占了大多数(71.2%)。大部分领导者都是本科学历(42.5%)。这些企业领导者的平均年龄为 34.9 岁,参与工作的平均年限为 12.0 年,且在目前企业平均服务了 6.0 年。

表 6.2 样本企业领导问卷填写者的背景信息

背景变量	类别	频次/均值	比例
性别	男	52 人	71.2%
	女	21 人	28.8%
学历	大专及以下	24	32.9%
	本科	31 人	42.5%
	硕士及以上	18 人	24.7%
年龄	均值	34.9 岁	
总工作年限	均值	12.0 年	
本企业工作年限	均值	6.0 年	

注:$N=73$。

6.3.2 测量

变革领导力:本研究采用自行开发的四维度量表。任务激励(3 道题目)的代表性题项如"公司高管在变革过程中制定了较为明确的目标",信度系数为 0.92。个性关怀(4 道题目)的代表性题项如"公司高管会对变革中遇到困难的员工给予帮助",信度系数为 0.90。创新引领(3 道题目)的代表性题项如"公司高管为适应互联转型的特点构建了新的运营方式",信度系数为 0.84。创新引领(5 道题目)的代表性题项如"公司高管积极探索跨市场、跨产业的技术合作",信度系数为 0.90。变革领导力总体量表的信度系数为 0.95。本量表采用 Likert 五点积分法,1 代表完全不符合,5 代表完全符合。

创新文化:本研究采用 Wang、Rafiq 的二元组织文化(ambidextrous organizational culture)量表[230],代表题目如"在公司里,我们尊重每个人的不同观点",信度系数为 0.86。本量表采用 Likert 五点积分法,1 代表完全不符合,5

代表完全符合。

环境动态性:本研究采用 Pavlou、Sawy 提出的环境动荡性(enviromental turbulent)量表[231],代表题目如"在公司的业务领域,顾客的偏好随着时间的推移变化很大",信度系数为 0.90。本量表采用 Likert 五点积分法,1 代表完全不符合,5 代表完全符合。

运营互联性:本研究借鉴 Akgün 等提出的关于运营变革(operational change)的测量题项[232],结合数字情境进行了适当修订,代表题目如"数字技术影响了公司的经营理念",信度系数为 0.86。本量表采用 Likert 五点积分法,1 代表完全不符合,5 代表完全符合。

任务协作性:本研究借鉴 Pearce、Gregersen 提出的任务依赖性量表(task interdependence)的测量题项[233],结合数字情境进行了适当修订,代表题目如"公司比以往更加需要进行跨部门沟通",信度系数为 0.88。本量表采用 Likert 五点积分法,1 代表完全不符合,5 代表完全符合。

控制变量:本研究选取了企业性质、企业规模、行业类型、转型多元性和发展阶段作为重要的控制变量。其中,转型多元性是让公司高层领导对所在企业近三年所实施的转型举措进行评价。企业性质分为国有、民营、外资与合资四类,企业规模分为 50 人及以内、501~100 人、101~500 人、501~2000 人和 2001 人及以上五类,行业类型分为 IT/数字技术、零售、快速消费品、物流行业、制造业与其他六类,发展阶段分为初期、成长、成熟、变革与衰退五类。本研究认为这五个变量会对企业的转型绩效产生重要影响,因此在分析情境变量对变革领导力影响时先行控制。

6.3.3　分析策略

在具体的分析方法选择上,本研究主要采用多层回归分析。根据前文分析可知,三个情境因素、创新文化以及变革领导力都是组织层面的概念,因此需要将一些变量的原始数据聚合到组织层次进行分析。同时为了避免数据分析中的共同方法偏差问题,本研究用不同的数据来源探讨情境因素、创新文化和变革领导力之间的关系。具体地,本研究通过高层领导者(领导版问卷)来测量环境动态性、运营互联性和任务协作性,三个情境因素是组织与环境交互过程中所形成的,高层领导者所处的组织层次和他们承担的任务属性决定了他们的评价更能反映出真实、可靠的情境因素。在此基础上,本研究选用员工对组织内的领导行为评价(员工版问卷)来测量变革领导力和组织文化,一方面是出于避免共同方法的考量,另一方面现有研究也常常用员工聚合后的数据来测量领导力和组织文化。

　　本研究通过 ICC(1)、ICC(2)的计算公式可以分析出组间均方差和组内均方差,然后判断 ICC(1)、ICC(2)能否通过"可汇聚"检验。ICC 是进行总体评价,是比较"粗糙"的判断,比较精确的判断应当依赖于 Rwg,该指标对每组的情况做出分别评价[235],因而从绝对意义上看,Rwg 作为评价指标要比 ICC 好。在本研究的数据聚合过程中,本研究主要基于 Rwg、ICC(1)和 ICC(2)三个指标考量变革领导力及其四个维度是否适合进行数据聚合。LeBreton、Senter 认为,Rwg 的均值或中位数要大于 0.70,ICC(1)要大于 0.10,ICC(2)要大于 0.70,才能进行数据聚合。[236]但是,在实际研究中,ICC(2)常常会小于0.70。因此 Chen、Bliese 提出,如果数据的聚合有理论依据且有较高的 Rwg 和通过 F 检验,研究者依然可以选择数据聚合。[237]LeBreton、Senter 也认为 ICC 的经验判断值并不是决定性的,要综合考虑数据聚合的理论依据以及三个判断标准。[235]

6.4　研究结果

　　本研究检验了变革领导力及其四个维度能否进行聚合。运算结果显示,变革领导力 Rwg 的中位数为 0.96,ICC(1)为 0.23,ICC(2)为 0.64,组间方差检验显著($F=2.80$, $p<0.01$)。任务激励 Rwg 的中位数为 0.85,ICC(1)为 0.17,ICC(2)为 0.55,组间方差检验显著($F=2.24$, $p<0.01$)。个性关怀 Rwg 的中位数为 0.86,ICC(1)为 0.17,ICC(2)为 0.57,组间方差检验显著($F=2.99$, $p<0.01$)。创新引领 Rwg 的中位数为 0.81,ICC(1)为 0.21,ICC(2)为 0.63,组间方差检验显著($F=2.69$, $p<0.01$)。跨界联合 Rwg 的中位数为 0.89,ICC(1)为 0.19,ICC(2)为 0.60,组间方差检验显著($F=2.48$, $p<0.01$)。对于创新文化,Rwg 的中位数为 0.85,ICC(1)为 0.18,ICC(2)为 0.53,组间方

差检验显著($F=2.62$,$p<0.01$)。上述数据结果表明,这些变量都满足数据聚合的条件。

接着,本研究计算了核心变量及其维度的平均值、标准差以及测量量表的信度系数,并对核心变量进行了相关分析,具体如表 6.3 所示。从表 6.3 中可以看出,所有信度系数 α 都在 0.80 以上,这表明此次研究所采用的测量量表具有较高的信度水平。除此之外,变革领导力以及其各个维度之间都存在显著的正向相关关系。环境动态性、运营互联性、任务协作性和变革领导力之间也存在显著或边缘显著的正相关关系,这为后续的统计分析提供了基础。

表 6.3 核心变量的均值、标准差和相关系数

变量	均值	标准差	1	2	3	4	5	6	7	8	9
1. 变革领导力	3.93	0.43	**0.95**								
2. 任务激励	4.11	0.49	0.90**	**0.92**							
3. 个性关怀	3.90	0.48	0.89**	0.78**	**0.90**						
4. 创新引领	3.78	0.53	0.84**	0.65**	0.64**	**0.84**					
5. 跨界联合	3.94	0.45	0.89**	0.76**	0.76**	0.64*	**0.90**				
6. 创新文化	4.10	0.44	0.76**	0.72**	0.73**	0.59*	0.64**	**0.86**			
7. 环境动态性	4.22	0.77	0.32**	0.39**	0.29*	0.22$^+$	0.21$^+$	0.32**	**0.90**		
8. 运营互联性	3.81	0.85	0.22$^+$	0.29*	0.16	0.16	0.17	0.23*	0.55**	**0.86**	
9. 任务协作性	3.79	0.90	0.40**	0.46**	0.35**	0.28*	0.32*	0.38**	0.49**	0.59**	**0.88**

注:$N=73$;$^+$ 表示 $p<0.10$,* 表示 $p<0.05$,** 表示 $p<0.01$;加粗显示的是信度系数 α。

6.4.1 环境动态性的影响

根据前文中的理论推导以及假设,本研究采用多元回归分析的方法检验了环境动态性这一情境因素对于变革领导力的影响。在检验创新文化的调节作用之前,本研究将乘积项进行了中心化处理,从而减少共线性问题出现的可能。[237] 本研究以环境动态性为自变量,分别以变革领导力以及其四个维度为因变量,进行了层级回归分析。

第一,根据表 6.4 中的模型 1a,可以看出环境动态性对于变革领导力整体存在着显著的正向促进作用($\beta=0.33, p<0.01$),而从模型 1b 中,可以看出环境动态性和创新文化两者间的乘积项对于变革领导力整体存在着负向的作用($\beta=-0.29, p<0.01$);因此,假设 1 和假设 4 得到支持。第二,从模型 2a 和模型 2b 可以看出,环境动态性对于变革领导力的任务激励维度存在显著的增强作用($\beta=0.38, p<0.01$),而环境动态性与创新文化的乘积项则显著地削弱了变革领导力的任务激励维度($\beta=-0.22, p<0.01$);因此,假设 1a 和假设 4a 得到了验证。第三,从模型 3a 和模型 3b 中可以看出,环境动态性显著地增强了个性关怀维度($\beta=0.30, p<0.01$),而环境动态性和创新文化的乘积项显著削弱了个性关怀维度($\beta=-0.33, p<0.01$);因此,假设 1b 和假设 4b 得到了验证。第四,从模型 4a 和模型 4b 可以看出,环境动态性对于创新引领维度的增强存在边缘显著($\beta=0.23, p<0.1$),而环境动态性和创新文化的乘积项削弱了创新引领维度($\beta=-0.23, p<0.05$);因此假设 1c 得到了部分验证,假设 4c 得到了验证。第五,从模型 5a 和模型 5b 可以看出,环境动态性积极地影响了跨界联合维度($\beta=0.25, p<0.05$),而环境动态性和创新文化的乘积项则消极地影响了跨界联合维度($\beta=-0.22, p<0.05$);因此,假设 1d 和假设 4d 得到了验证。

表6.4　检验假设1和假设4及其子假设的多层回归模型

	变量	模型1a	模型1b	模型2a	模型2b	模型3a	模型3b	模型4a	模型4b	模型5a	模型5b
控制变量	企业规模	0.20	0.15	0.26*	0.22*	0.07	0.02	0.27	0.23*	0.10	0.06
	企业性质	−0.02	−0.05	−0.07	−0.09	0.01	−0.02	−0.00	−0.03	−0.00	−0.02
	行业类型	−0.20	−0.09	−0.17	−0.07	−0.23+	−0.13	−0.20	−0.11	−0.12	−0.02
	发展阶段	−0.17	−0.08	−0.15	−0.08	−0.11	−0.02	−0.14	−0.07	−0.21+	−0.14
	转型多元性	0.06	0.03	0.15	0.12	0.08	0.05	−0.04	−0.07	0.04	0.00
自变量	环境动态性	0.33**	0.02	0.38**	0.11	0.30**	−0.00	0.23+	−0.02	0.25*	−0.10
	创新文化		0.67**		0.61**		0.62**		0.54**		0.59**
调节作用	环境动态性 ×创新文化	−0.29**		−0.22**		−0.33**		−0.23*		−0.22*	
模型拟合度	R^2	0.18	0.69	0.26	0.66	0.15	0.64	0.13	0.46	0.10	0.48
	ΔR^2		0.51**		0.40**		0.49**		0.33**		0.38**

注：$N=73$；+ 表示 $p<0.10$，* 表示 $p<0.05$，** 表示 $p<0.01$。

　　为了进一步揭示创新文化对于环境动态性和变革领导力及其各个维度间关系的调节作用,本研究以变革领导力整体以及其各个维度为因变量,选择了创新文化平均值 1 个标准差以外的数据,进行了简单斜率分析并绘制了相应的示意图,具体见图 6.2 至图 6.6。

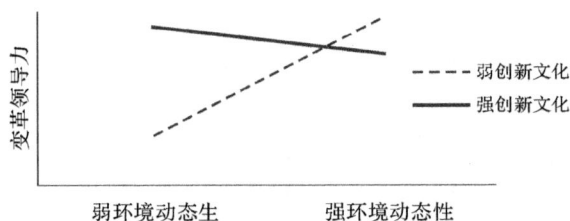

图 6.2　创新文化对环境动态性和变革领导力关系的调节作用

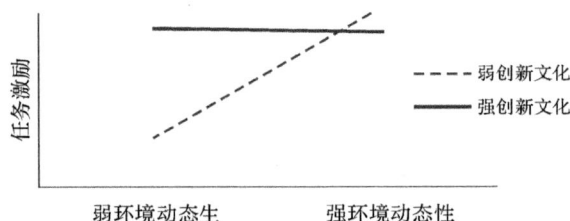

图 6.3　创新文化对环境动态性和任务激励关系的调节作用

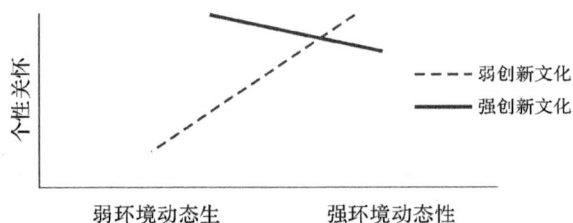

图 6.4　创新文化对环境动态性和个性关怀关系的调节作用

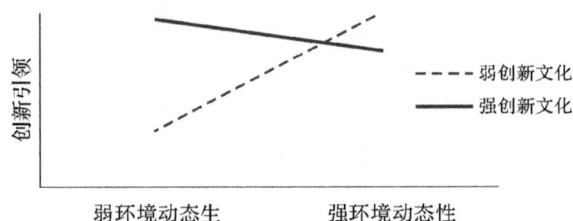

图 6.5　创新文化对环境动态性和创新引领关系的调节作用

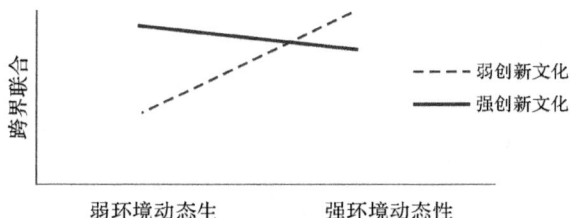

图 6.6　创新文化对环境动态性和跨界联合关系的调节作用

6.4.2　运营互联性的影响

根据前文中的理论推导以及假设,本研究同样采用多元回归分析的方法检验运营互联性这一情境因素对于变革领导力的影响。而在检验创新文化的调节作用之前,本研究同样将其与运营互联性的乘积项进行了中心化处理,从而减少共线性问题出现的可能。[237]本研究以运营互联性为自变量,分别以变革领导力以及其四个维度为因变量,进行了层级回归分析。

第一,根据表 6.5 中的模型 1a,可以看出运营互联性和变革领导力整体关系不显著,而从模型 1b 中,可以看出运营互联性和创新文化两者的乘积项与变革领导力整体关系也不显著;因此,假设 2 和假设 5 没有得到支持。第二,从模型 2a 和模型 2b 可以看出,运营互联性对于变革领导力的任务激励维度存在显著的增强作用($\beta=0.25, p<0.05$),但是运营互联性与创新文化的乘积项则和变革领导力的任务激励维度之间没有显著关系;因此,假设 2a 得到支持,假设 5a 并未得到验证。第三,从模型 3a 和模型 3b 中可以看出,运营互联性和个性关怀维度间的关系不显著,但运营互联性和创新文化的乘积项显著削弱了个性关怀维度($\beta=-0.18, p<0.05$);因此,假设 2b 没有得到验证,假设 5b 得到了验证。第四,从模型 4a 和模型 4b 可以看出,运营互联性对于创新引领维度的增强作用并不显著,同时运营互联性和创新文化的乘积项和创新引领维度间的关系也不显著;因此假设 2c 和假设 5c 都没有得到支持。第五,从模型 5a 和模型 5b 可以看出,运营互联性和跨界联合维度间的关系,以及运营互联性和创新文化的乘积项与跨界联合维度间的关系都不显著;因此,假设 2d 和假设 5d 也都没有得到验证。

表 6.5　检验假设 2 和假设 5 及其子假设的多元回归模型

变量		模型 1a	模型 1b	模型 2a	模型 2b	模型 3a	模型 3b	模型 4a	模型 4b	模型 5a	模型 5b
控制变量	企业规模	0.24+	0.21*	0.30*	0.27**	0.11	0.08	0.29*	0.26*	0.13	0.10
	企业性质	-0.03	-0.05	-0.01	-0.11	-0.00	-0.05	-0.02	0.00	-0.01	-0.02
	行业类型	-0.20	-0.06	-0.16	-0.03	-0.24+	-0.10	-0.19	-0.09	-0.11	0.01
	发展阶段	-0.11	-0.10	0.08	-0.07	-0.04	-0.02	-0.10	-0.10	-0.16	-0.16
	转型多元性	0.05	-0.04	0.14	0.05	0.09	-0.01	-0.05	-0.12	0.03	-0.05
自变量	运营互联性	0.19	0.07	0.25*	0.13	0.11	-0.00	0.15	0.05	0.17	0.06
	创新文化		0.75**		0.69**		0.73**		0.59**		0.64**
调节作用	运营互联性 × 创新文化	-0.07		-0.01		-0.18*		0.06		-0.05	
模型拟合度	R^2	0.12	0.63	0.19	0.62	0.08	0.57	0.10	0.42	0.07	0.37
	ΔR^2		0.51**	0.25*	0.43**	0.08	0.49**	0.10	0.32**	0.07	0.44**

注:$N=73$;+ 表示 $p<0.10$,* 表示 $p<0.05$,** 表示 $p<0.01$。

6.4.3 任务协作性的影响

根据前文中的理论推导以及假设,本研究同样采用了多元回归分析的方法检验了任务协作性这一情境因素对于变革领导力的影响。在检验创新文化的调节作用之前,本研究将任务协作性与创新文化的乘积项进行了中心化处理,从而减少共线性问题出现的可能。[237]本研究以任务协作性为自变量,分别以变革领导力以及其四个维度为因变量,进行了层级回归分析。

第一,根据表 6.6 中的模型 1a,可以看出任务协作性对于变革领导力整体存在着显著的正向作用($\beta=0.37$, $p < 0.01$),而从模型 1b 中,可以看出任务协作性和创新文化两者的乘积项对于变革领导力整体存在着负向作用($\beta=-0.16$, $p < 0.05$);因此,假设 3 和假设 6 得到支持。第二,从模型 2a 和模型 2b 可以看出,任务协作性对于变革领导力的任务激励维度存在显著的正向作用($\beta=0.42$, $p < 0.01$),而其与创新文化的乘积项则显著地负向影响了变革领导力的任务激励维度($\beta=-0.18$, $p < 0.05$);因此,假设 3a 和假设 6a 得到了验证。第三,从模型 3a 和模型 3b 中可以看出,任务协作性显著地正向影响了个性关怀维度($\beta=0.30$, $p < 0.05$),而任务协作性和创新文化的乘积项显著地负向影响了个性关怀维度($\beta=-0.25$, $p < 0.01$);因此,假设 3b 和假设 6b 得到了验证。第四,从模型 4a 和模型 4b 可以看出,任务协作性对于创新引领维度的正向作用显著($\beta=0.27$, $p < 0.05$),而环境动态性和创新文化的乘积项与创新引领维度间的关系不显著;因此假设 3c 得到了验证,假设 6c 没有得到验证。第五,从模型 5a 和模型 5b 可以看出,任务协作性正向影响了跨界联合维度($\beta=0.31$, $p < 0.05$),而环境动态性和创新文化的乘积项则和跨界联合维度之间没有显著关系;因此,假设 3d 得到验证,而假设 6d 没有得到验证。

表 6.6 检验假设 3 和假设 6 及其子假设的多元回归模型

变量		模型 1a	模型 1b	模型 2a	模型 2b	模型 3a	模型 3b	模型 4a	模型 4b	模型 5a	模型 5b
控制变量	企业规模	0.22+	0.16+	0.28*	0.22*	0.09	0.10	0.28*	0.25*	0.11	0.08
	企业性质	−0.03	0.01	−0.08	−0.04	0.00	0.06	−0.02	−0.00	−0.01	0.01
	行业类型	−0.15	−0.06	−0.11	−0.03	−0.19	−0.10	−0.16	−0.08	−0.07	0.01
	发展阶段	−0.08	−0.10	−0.05	−0.06	−0.03	−0.04	−0.08	−0.09	−0.14	−0.15
	转型多元性	0.01	−0.03	0.10	0.06	0.04	0.00	−0.08	−0.12	−0.01	−0.05
自变量	任务协作性	0.37**	0.11	0.42**	0.18*	0.30*	0.04	0.27*	0.06	0.31*	0.09
	创新文化		0.68**		0.59**		0.63**		0.56**		0.60**
调节作用	任务协作性×创新文化	−0.16*		−0.18*		−0.25**		−0.06		−0.08	
模型拟合度	R^2	0.21	0.65	0.29	0.66	0.15	0.60	0.15	0.42	0.13	0.45
	ΔR^2		0.44**		0.37**		0.45**		0.27**		0.32**

注：$N=73$；+表示 $p<0.10$，*表示 $p<0.05$，**表示 $p<0.01$。

为了进一步揭示创新文化对于任务协作性和变革领导力及任务激励、个性关怀两个维度间关系的调节作用,本研究针对变革领导力整体以及任务激励、个性关怀两个维度等因变量,选择了创新文化平均值1个标准差以外的数据,进行了简单斜率分析并绘制了相应的示意图,具体见图6.7至图6.9。

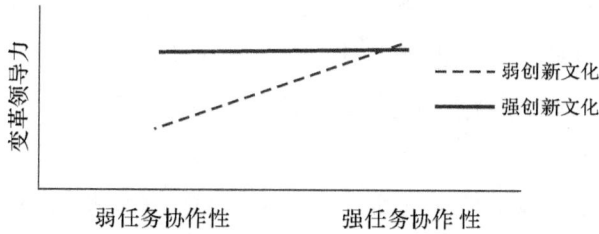

图6.7 创新文化对任务协作性和变革领导力关系的调节作用

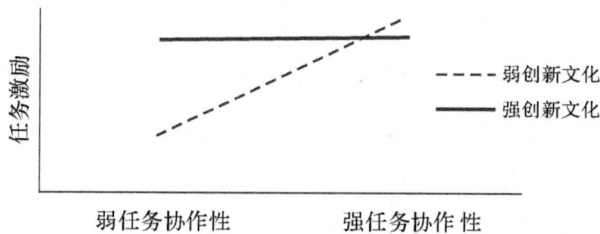

图6.8 创新文化对任务协作性和任务激励关系的调节作用

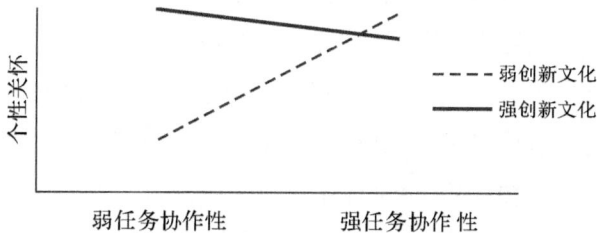

图6.9 创新文化对任务协作性和个性关怀关系的调节作用

6.5 研究小结

本研究通过关注数字化转型实践,选取了环境动态性、运营互联性和任务协作性这三个因素作为组织的数字情境特征,同时基于的 Hannah 等的情境分析模型[215]选取了创新文化作为数字情境因素对变革领导力影响过程的调节变量,以此来探索该情境化领导力的形成过程。研究结果表明,数字技术的大部分情境(环境动态性和任务协作性)会积极影响变革领导力的产生。也就是说,当数字化转型给企业带来的动态性越强,工作任务越需要不同部门之间的协作时,越需要采用变革领导力进行应对。因为在这些情境中,原有的领导行为已经不再适应数字技术新特点与企业经营活动交互影响后的新情境,企业亟须采用新型的、具有针对性的变革领导力。

另外,进一步的研究发现创新文化在大部分的数字情境(环境动态性和任务协作性)与变革领导力之间起负向调节作用。这一研究结果说明,当一个组织的创新文化较弱时,企业更需要采用变革领导力来应对数字情境带来的冲击。本研究将上述领导力的形成过程称为变革领导力的文化适应机制。一个比较有意思的研究现象是,运营互联性对变革领导力的形成几乎没有影响,而且创新文化也没有起到调节作用。本研究认为,运营互联性这一数字情境在一定程度上不同于环境动态性和业务互联性。对一个组织而言,数字技术给企业重要经营活动带来的影响(运营数字技术)具有"双刃剑"功能——数字技术既可以产生正面影响,也可以带来负面影响,效应的结果可能还取决于其他组织或环境条件。鉴于此,未来研究应该进一步探索积极的运营互联性和消极的运营互联性对该变革领导力的影响作用,从而更好地揭示它的产生过程。

组织变革背景下对领导力的探讨是去情境化的[189],研究对象往往是并不承担变革任务的一般性组织,很少有研究在特定的变革情境(例如并购重组、跨文化融合或者数字化转型)下探讨具体的领导力行为。本研究基于 Wang"问题驱动"和"情境嵌入"的研究范式[9],同时响应管理学一级期刊 AMJ "构建特定情境的管理理论"的号召,在关注数字化转型这一实践问题时构建了影响变革领导力的重要情境因素——环境动态性、运营互联性和任务协作性,并进一步探讨了这三个具有数字技术特征的情境因素对变革领导力的影响,以及创新文化在其中发挥的调节作用,丰富了组织变革背景下的情境化领导力研究。

7 研究四:变革领导力的效能机制

7.1 研究目的

变革领导力在数字化转型情境下是一个包含个体以及组织的多层次作用过程,它不仅影响了员工在转型过程中的态度、行为和绩效,还是企业转型成功与否的重要决定因素。因此,本研究将通过"领导-员工"配对的问卷调研方式对变革领导力的多水平影响效应进行检验。其中,子研究一分析变革领导力的组织效能机制,子研究二分析变革领导力的个体效能机制。

7.2 子研究一

组织作为一个开放的高阶系统,高层领导力的作用不仅体现在对组织内部各个层级人员及其活动的影响上,还体现在促进组织与外部环境的适应匹配上。与中层或基层领导行为不同,组织层面的领导行为不仅是"组织中的领导",更是"组织的领导",其影响涉及整个组织系统,尤其是涉及整个组织的转型问题。自从 Hambrick、Mason 提出用高阶理论来解释组织绩效[238]后,越来越多的学者开始关注组织中处于关键位置的高层领导者在提升组织绩效过程中所发挥的重要作用[239,240]。除了关注人口统计变量特征(例如性别、工作时间)对高层领导者的认知和行为的影响作用,学者已经开始关注组织高层的领导力或者高管团队过程与组织结果之间的关系。[241]这一研究焦点的转变打开了高阶领导和组织行动之间关系的黑箱,并极大地丰富了相关的理论知识。[65,115]特别地,一些研究证实了 CEO 变革型领导在促进组织成功过程中的关键作用。[242,243]

但是研究证据表明,多数研究者对领导力的关注焦点还是个体或团队层面,Waldman、Javidan、Varella 对变革型领导近 20 年来的研究进行的综述回顾[102]也证实了上述观点。而且,高管变革导向的领导行为与组织绩效之间的关系也没有达成统一的结论。[65]这两方面理论上的不足都要求学者开展更多的研究来探索组织层面的领导力与组织结果之间的关系以及具体的作用机制。此外,数字化转型本质和企业面临的困境也要求学者关注特定情境下的变革领导力与组织绩效之间的关系。企业数字化转型是组织在高度不确定性、快速变化背景下将数字技术作为一种生产力,是涉及公司文化、策略、运营、组织架构和合作伙伴的多维度、大规模、全方位性的组织变革。在这一过程中,企业往往会面临“两不着”的变革困境:一方面,延伸的数字技术业务不能加强核心业务;另一方面,传统业务因转型急切而失去原先的优势。两者共同的结果都是整个组织变革失败。本研究认为针对数字化转型情境提出的变革领导力是其转型成功的关键要素。事实上,许多研究者和实践者都指出组织变革的高失败率和领导力的重要性。Weick、Quinn 估计至少有一半的组织变革是以失败告终的,其主要原因是糟糕的变革领导力。[4] Self、Armenakis、Schraeder 指出,组织失败的原因在于变革领导者或变革代理人忽视了对组织变革重要的、与人相关的重要因素。[5]埃森哲在 2013 年发布的《中国企业开启转型新历程》报告指出,企业为了转型成功,必须在领导力、组织人才和文化方面塑造积极管理转型的能力。

既然本书开发了针对数字化转型情境下变革领导力的多维度概念,也探索了该领导力的影响因素,那么这一概念接下来面临的主要问题就是和其他领导力类型一样,需要探讨其与组织绩效之间的关系以及具体的作用机制,这样才能充分证明这一概念在理论上的“合法性”。

7.2.1　研究假设

目前关于组织二元性主要有两种视角:第一种是平衡的组织二元性

(balanced ambidexterity)，关注探索与利用之间的平衡关系；第二种是协同的组织二元性(combined ambidexterity)，关注探索与利用之间的协同效应。本书从协同视角的组织二元性考察变革领导力的作用机制，主要有三个方面的原因：第一，协同视角的组织二元性是解决研究问题"存量业务＋数字技术增量"的理论内涵表征。本书在绪论中提到，企业成功进行数字化转型的关键在于实现原有业务与数字技术之间的协同效应，这一过程涉及组织二元性理论中现有能力开发及新能力探索。第二，组织二元性和变革情境下组织的生存与长期发展密切相关。许多组织二元性与组织绩效的研究表明，在不确定的变革环境中组织二元性积极影响企业的创新活动、财务绩效和生存可能性[141-143]，符合本书数字化转型的研究背景。第三，领导力可能是组织二元性形成的重要前因变量。目前，关于组织二元性前因变量的研究逐渐从最初的结构因素拓展到情境[144]、非正式网络[145]以及本书所关注的领导力因素[146,147]。

另外，本书是一项嵌入情境的问题驱动型研究，变革领导力及其情境因素都是基于数字化转型这一背景提出的，因此在选择组织二元性的协同视角来作为"存量业务和数字技术增量之间的协同效应"的理论表征时，同样采用情境嵌入的方式来理解这一重要中介变量。具体地，本书用变革协同性这一概念来界定协同视角的组织二元性在数字化转型背景下的情境表现。这样的概念操作是符合该理论的发展趋势的：一方面，O'Reilly、Tushman 发表在 *Academy of Management Perspective* 期刊上的文章指出，组织二元性的去情境化(包括概念本身和测量工具)是目前一些研究取得不一致结论的直接原因，因此建议未来研究嵌入具体情境来论述和测量组织二元性。[148]另一方面，Benner、Tushman 发表在 *Academy of Management Review* 期刊上的文章指出，数字情境对研究企业当前的二元性活动是非常重要的，因为探索活动和利用活动在该情境下的内在本质发生了很大变化，导致组织二元性理论在解释其概念内涵、作用机制和效用模式时与实践是脱节的。[149]综上所述，本书将采用变革协同性这一概念来界定数字化转型情境下的组织二元性。

7.2.1.1　变革领导力与变革协同性

作为组织的关键领导者，学界认为高管在变革协同性的形成过程中扮演重要角色。Tushman、O'Reilly 指出，高层领导者的内部管理过程会促进变革协同性的形成。[139]一些研究也将领导力描述为组织发挥结构二元性或情境二元性的有利因素。例如,Gibson、Birkinshaw 指出"高管在培育有效的组织环境和发展变革协同性等方面具有重要作用"[144]。类似地,Smith、Tushman 也探索了领导者是如何处理二元组织中的结构分离困境。[147]

任务激励与变革协同性:在高管层次,学者强调高层领导者在结构二元性和组织二元性方面的重要指导作用。他们认为高层领导者可以通过推进内部过程,管理结构二元性中的子结构间冲突以及开发培训和激励制度等支持性活动来同时增强组织探索和开发能力。Ghoshal、Bartlett 认为一个组织不仅需要纪律和弹性来鼓励个体追求更高的目标,而且需要支持和信任来保证合作性的组织环境。[244]Gibson、Birkinshaw 指出,当组织具有支持性氛围时,组织更有可能表现出高水平的探索行为和开发行为。[144]此外,组织的权变激励能够增强组织成员对合作以及对目标的承诺[245],促使他们将关注焦点从个人活动转移到成员之间的相互依存关系[246],从而实现探索单元与开发单元之间的资源共享和价值整合[147]。从这一角度说,针对组织成员的权变激励促使成员超越所在部门的直接利益来寻求同时促进探索和开发创新的资源分配方式。此外,权变激励使组织成员意识到提前澄清问题并针对复杂问题提出解决方案的必要性,而这一点对探索和开发单元的共存是至关重要的。[247]

个性关怀与变革协同性:研究证据表明,个性关怀可以通过影响合作策略以及共享愿景影响变革协同性。个性关怀鼓励组织成员在遇到冲突时采用合作策略,因而能够将成员从关注自身利益转移到以整个组织的利益为先。通过合作与冲突管理,团队成员之间能够相互聆听对方的观点并整合不同的意见,开发更优的解决方案。[248]与此同时,组织成员对其他部门的运作有了更深刻的认识和理解,因而在资源分配决策时会进行综合考虑,从而达到同时支持探索性和开发性活动的目的。此外,个性关怀有利于共享愿景的形成,有助于消除组织内不同管辖单元(专注探索性业务和专注开发性业务)由于目标不一致和观点冲突导致的不利影响[249],而且可以防止高管团队各自形成自己的政治小团体。缺乏共享愿景,会导致高管团队甚至是整个组织的相互猜疑和不信任,最终导致不同单元之间探索性和开发性能力的缺失。[139,250,251]

创新引领与变革协同性:通过变革领导力的角色模型,企业领导者可以激励下属提出新的想法和质疑现有规则存在的问题,帮助他们克服挑战现状所引起的恐惧和不安,并相应地增强创造力。其他研究结果还表明,变革领导力的创新行为有利于减少组织内成员间的专业障碍,从而促使成员之间进行知识共享并提高成员之间的目标一致性。此外,高管的创新导向对组织内部学习氛围的改善和成员之间矛盾冲突的解决有积极的影响。

跨界联合与变革协同性:研究证据表明,跨界联合可以通过促进组织层面的战略联盟、外部网络的多样性以及组织属性的跨期变化来提升变革协同性。从战略联盟的角度,跨界联合能够帮助企业获得更多与产业内优秀企业的"增强效应"以及产业间互补企业的"创新效应"。Rothaermel、Deeds的研究指出,企业可以通过与合作企业的研发合作来产生创新性的新技术(探索创新),或者依赖合作企业的现存技术进行自身技术的商业化(利用创新)。[252] 从组织网络的视角,企业可以依靠现有的安排和渠道加速现存知识在网络关系中的传播,因此当两个企业周期性地进行合作时,会表现出更多利用活动。而企业之间不具备联结时,则不能直接利用对方的经验,但是可以促进企业接触并获得更多的差异性知识,因此与新企业合作则表现出更多探索性活动。从组织属性的角度,学者认为在研究变革协同性时需要考虑合作企业的跨期变化。根据 March的观点,探索活动指的是路径、过程、技术的试验和变异。[138] 通过组织属性的变异,探索性活动能够增强组织对环境变化的适应[253],或者帮助企业获得其他企业的新属性、新知识来实现组织跃迁和重新定位[254]。相反,当与具有类似属性(如规模、产业类型)的其他企业建立联盟关系时,企业可以通过积累的启发式和管理机制有效地吸收外部知识[256]以及将合作企业的经验应用到自身的学习过程中[256,257]。这一类持续的联盟会产生持续性的改进、经验学习和专业化。[137]

假设 1:在数字化转型情境下,变革领导力和变革协同性具有显著的正向关系。具体地,变革领导力中的四个维度(a)个性关怀、(b)任务激励、(c)创新引领、(d)跨界联合,都会显著正向影响变革协同性。

7.2.1.2　变革协同性与组织绩效

进行数字化转型的企业,面对的是快速变化的外部环境,包括快速发展的市场、产品周期的缩短以及不断变化的客户偏好。组织二元性的文献显示,不能同时取得高水平探索和利用的企业往往会面临更大的失败风险或能力陷阱，有可能威胁到整个企业的生存。如果过于关注对现有能力的开发，组织需要以牺牲探索新想法为代价，从而导致"能力陷阱"。因为惯例会阻碍组织在不断变化环境中的适应能力的发展，最终导致糟糕的长期绩效。[137,147]相反，如果过于关注探索活动，就会导致未开发的新想法陷入"失败者困境"，即创新还未在企业内真正发生并对企业绩效产生积极影响之前，就已经被不成熟的想法所替代。[137]因此，组织应该尽量同时追求较高水平的探索活动和利用活动。协同视角的组织二元性认为探索与利用在本质上是不冲突的，组织可以同时取得较高水平的探索性和利用性，且两者有相互促进的作用。在数字化转型背景下，利用活动关注的往往是现有市场，而探索活动关注的往往是技术，因此两者是不冲突的。Gupta、Smith、Shalley 指出，探索和利用行动可以出现在不争夺资源的互补领域中（如技术和市场）。[258]

关于利用活动对探索活动的积极影响，高水平的利用活动能够提升企业探索新知识的有效性和开发新产品、新市场的资源利用效率。基于企业对现有知识与资源的多次利用，企业领导者能够更清楚地了解企业资源与知识的配置结构，对资源与知识的利用产生更深刻的理解。因此，企业更能够启动对现有可控知识与资源的重新配置，并与探索新产品和新市场所需的活动建立联系。例如，Burgelman 描述了英特尔公司对存储芯片行业既有知识的储备和对未来市场趋势的理解是如何帮助管理者在微处理器行业中识别和抓住早期的机遇。[259]本研究认为，企业熟练运用原有业务的核心优势和活动也有将助于它识别与吸收由数字技术发展带来的新的知识和资源。

通过类比的方式，企业熟练运用探索过程能够优化其现有利用活动。基于这个观点，本研究认为企业在某新产品或者基础领域的探索活动有助于它在互补领域中的利用活动。例如，苹果电脑公司在 iPod 生产线获得成功的同时，带动了苹果品牌的重生以及它在传统硬件、软件业务领域的发展。此外，成功的探索行为能够扩大利用活动的规模效应。由于企业通过探索活动内化了更多的外界知识与资源，它的利用行动会有更多的能力基础，因此既有的内部流程能够有更大的应用领域。美国联合包裹服务公司探索建立了为新旧客户提供大量供应链和物流创新服务的组织结构后，它原有的传统核心业务的规模获得了大幅度的扩大。同理,数字化转型的企业借助数字技术开发的新产品或者新渠道,能够扩大企业现有产品的销售范围,提升服务质量和运营效率。

总的来说,企业能够通过探索与利用活动的相互促进作用来提升组织知识和资源,最终提升组织的绩效。因此,借鉴数字化转型情境,本研究提出如下假设。

假设 2:在数字化转型情境下,变革协同性会中介变革领导力与组织运营绩效之间的相关关系。具体地,变革协同性会中介变革领导力及其四个维度(a)任务激励、(b)个性关怀、(c)创新引领、(d)跨界联合,与组织运营绩效之间的关系。

7.2.2 研究方法

7.2.2.1 样本

此次研究所用样本和研究三的来源一样。具体地,在 2015 年 12 月向 102 家企业发放了"领导-员工"配套问卷,其中领导版问卷由企业的高层管理者(CEO、创业者或核心部门管理者)进行填写,员工部分由公司内不同部门或者不同团队的员工进行填写。为了尽可能地增加样本的代表性,从三个不同方面做了努力:第一,在样本的来源方面,尽可能选择浙江、上海、北京等经济发达地区,这些地区的企业受数字技术影响的可能性更大;第二,在依托各类关系寻找目标企业时,过滤掉那些完全没有数字技术实践的企业;第三,在问卷设计时,有 1 道备用题测的是企业是否在实践中应用数字技术以及应用的程度。截至 2016 年 2 月上旬,成功回收了 78 家企业的 402 份问卷。在对问卷检查之后,删除了数据缺失严重、填写质量较差以及"领导-员工"问卷不能匹配等问卷,最终获得了 73 份企业高管的问卷和 377 份员工的问卷。因此,企业层面的有效回收率为 76.40%,员工层面的有效回收率为 71.60%。

表 7.1 显示了参与调研的样本企业的背景信息。具体地,大部分样本来自民营企业,比例高达 84.9%。企业规模方面,50 人及以下占了 42.5%,2001 人及以上也达到 19.2%。行业类型方面,大部分企业属于制造业,占 34.2%。另外,大部分样本企业都处于成长阶段(47.9%)和变革阶段(19.2%)。

表 7.2 则显示了样本企业领导问卷填写者的背景信息。在性别上,男性占

了大多数(71.2%)。大部分领导者都是本科学历(42.5%)。这些企业领导者的平均年龄为 34.9 岁,参与工作的平均年限为 12.0 年,且在目前企业平均服务了 6.0 年。

表 7.1　样本企业的背景信息

背景变量	类别	频次	比例
企业性质	国有	4 家	5.5%
	民营	62 家	84.9%
	外资	2 家	2.7%
	合资	5 家	6.8%
企业规模	50 人及以下	31 家	42.5%
	51~100 人	12 家	16.4%
	101~500 人	12 家	16.4%
	501~2000 人	4 家	5.5%
	2001 人及以上	14 家	19.2%
行业类型	IT/数字技术	26 家	35.6%
	零售	1 家	1.4%
	快速消费品	1 家	1.4%
	物流行业	4 家	5.5%
	制造业	25 家	34.2%
	其他	16 家	21.9%
发展阶段	初期阶段	10 家	13.7%
	成长阶段	35 家	47.9%
	成熟阶段	13 家	17.8%
	变革阶段	14 家	19.2%
	衰退阶段	1 家	1.4%

注:$N=73$。

表 7.2 样本企业领导问卷填写者的背景信息

背景变量	类别	频次/均值	比例
性别	男	52 人	71.2%
	女	21 人	28.8%
学历	大专及以下	24 人	32.9%
	本科	31 人	42.5%
	硕士及以上	18 人	24.7%
年龄	均值	34.9 岁	
总工作年限	均值	12.0 年	
本企业工作年限	均值	6.0 年	

注：$N=73$。

7.2.2.2 测量

变革领导力：本研究采用自行开发的四维度量表。任务激励(3 道题目)，代表性题项如"公司高管在变革过程中制定了较为明确的目标"，信度系数为 0.92；个性关怀(4 道题目)，代表性题项如"公司高管会对变革中遇到困难的员工给予帮助"，信度系数为 0.90；创新引领(3 道题目)，代表性题项如"公司高管为适应数字化转型的特点构建了新的运营方式"，信度系数为 0.84；创新引领(5 道题目)，代表性题项如"公司高管积极探索跨市场、跨产业的技术合作"，信度系数为 0.90。变革领导力总体量表的信度系数为 0.95。本量表采用 Likert 五点积分法，1 代表完全不符合，5 代表完全符合。

变革协同性：本研究采用 He、Wong 提出的组织二元性(organizational ambidexterity)量表[260]来计算变革协同性，其中探索性维度包含 4 道题目(信度系数为 0.64)，代表性题项如"公司努力改进现有的产品和服务质量"，利用性维度也包含 4 道题目(信度系数为 0.86)，代表性题项如"公司敢于开拓新的市场"。组织二元性的总体量表的信度系数为 0.79。在理论研究中，学者目前有两种方式来表示组织二元性。[261]第一种是平衡的视角，具体在操作中是用探索和利用之差的绝对值表示。第二种是协同的视角，具体操作中是用探索和利用之积表示。本研究基于关键的研究问题——数字化转型过程中的存量业务和数字技术增量如何协同,采用协同视角下的组织二元性,即变革协同性=探索性×利用性。

组织运营绩效:本研究采用 Ketkar、Sett 提出的关于运营绩效(operational performance)的测量量表[213],代表题目如"最近 3 年,公司的产品/服务质量有了显著的提高",信度系数为 0.89。本量表采用 Likert 五点积分法,1 代表完全不符合,5 代表完全符合。

控制变量:本研究选取了企业性质、企业规模、行业类型、转型多元性和发展阶段作为重要的控制变量。其中,转型多元性是让公司高层领导对所在企业近 3 年所实施的转型举措进行评价。企业性质分为国有、民营、外资与合资四类,企业规模分为 50 人及以下、501～100 人、101～500 人、501～2000 人和2001 人及以上五类,行业类型分为 IT/数字技术、零售、快速消费品、物流行业、制造业与其他六类,发展阶段分为初期、成长、成熟、变革与衰退五类。本研究认为这五个变量会对领导力产生重要影响,因此在分析情境变量对变革领导力影响时先进行控制。

7.2.2.3 分析策略

为了避免数据分析中的共同方法偏差问题,本研究从不同的数据来源探讨变革领导力、变革协同性和组织绩效之间的相关关系。具体地,本研究通过企业领导者(领导版问卷)对组织绩效的评价来测量组织运营绩效,主要原因在于高层领导者所处的组织层次决定了他们的评价更能反映出真实、可靠的组织绩效表现。在此基础上,本研究选用员工对组织内的领导行为和组织的二元性行为表现(员工版问卷)分别测量变革领导力与变革协同性。

本研究通过 ICC(1)、ICC(2)的计算公式分析出组间均方差和组内均方差,然后判断 ICC(1)、ICC(2)能否通过"可汇聚"检验。事实上 ICC 是进行总体评价,是比较"粗糙"的判断,比较精确的判断应当依赖 Rwg,该指标对每组的情况做出分别评价[235],因而从绝对意义上看,Rwg 作为评价指标要比 ICC 好。在数据聚合过程中,本研究主要基于 Rwg、ICC(1)和 ICC(2)三个指标考量变革领导力及其四个维度以及变革协同性是否适合进行数据聚合。LeBreton、Senter认为,Rwg 的均值或中位数要大于 0.70,ICC(1)要大于 0.10,ICC(2)要大于 0.70,才能进行数据聚合。[235]但是,在实际研究中,ICC(2)常常会小于 0.70。因此 Chen、Bliese 提出,如果数据的聚合有理论依据且有较高的 Rwg 和通过 F 检验,研究者依然可以选择数据聚合。[236]LeBreton、Senter 也认为 ICC 的经验判断值并不是决定性的,要综合考虑数据聚合的理论依据以及综合考量三个判断标准。[235]本研究还通过进一步的稳健性检验来增强研究结果的可靠性。

7.2.3　研究结果

首先,本研究检验了变革领导力及其四个维度和变革协同性能否进行聚合。运算结果显示,变革领导力 Rwg 的中位数为 0.89,ICC(1)为 0.18,ICC(2)为 0.53。任务激励的 Rwg 的中位数为 0.85,ICC(1)为 0.17,ICC(2)为 0.55,组间方差检验显著($F=2.24$, $p<0.01$)。个性关怀 Rwg 的中位数为 0.86,ICC(1)为 0.17,ICC(2)为 0.57,组间方差检验显著($F=2.99$, $p<0.01$)。创新引领 Rwg 的中位数为 0.81,ICC(1)为 0.21,ICC(2)为 0.63,组间方差检验显著($F=2.69$, $p<0.01$)。跨界联合 Rwg 的中位数为 0.89,ICC(1)为 0.19,ICC(2)为 0.60,组间方差检验显著($F=2.48$, $p<0.01$)。此外,组织二元性的探索性 Rwg 的中位数为 0.88,ICC(1)为 0.12,ICC(2)为 0.46,组间方差检验显著($F=1.84$, $p<0.01$);利用性 Rwg 的中位数为 0.90,ICC(1)为 0.16,ICC(2)为 0.54,组间方差检验显著($F=2.21$, $p<0.01$)。上述数据结果表明,这些变量基本满足数据聚合的条件。因此,本研究将变革领导力及其四个维度和变革协同性聚合到组织层次进行分析。

接着,本研究计算了所有核心变量的均值、标准差、相关系数和信度系数。结果见表 7.3。由表 7.3 可知,变革领导及其四个维度、变革协同性和组织运营绩效之间都具有较强的相关性,且大部分变量的信度系数在 0.80 以上(变革协同性是一个合成概念,没有信度系数)。

表 7.3　核心变量的均值、标准差和相关系数

变量	均值	标准差	1	2	3	4	5	6	7
1. 变革领导力	3.93	0.43	**0.95**						
2. 任务激励	4.11	0.49	0.90**	**0.92**					

续　表

变量	均值	标准差	1	2	3	4	5	6	7
3. 个性关怀	3.90	0.48	0.90**	0.78**	**0.90**				
4. 创新引领	3.78	0.53	0.84**	0.65**	0.64**	**0.84**			
5. 跨界联合	3.94	0.45	0.89**	0.76**	0.76**	0.64**	**0.90**		
6. 变革协同性	17.60	3.81	0.66**	0.63**	0.54**	0.53**	0.65**		
7. 组织运营绩效	4.04	0.47	0.65**	0.60**	0.57**	0.57**	0.54**	0.62**	**0.89**

注：$N=73$；* 表示 $p<0.05$，** 表示 $p<0.01$；加粗显示的是信度系数 α。变革协同性是一个合成概念，没有信度系数。

7.2.3.1　数据结果分析

表 7.4 显示变革领导力及其四个维度对变革协同性的影响。由表格中的自变量对中介变量的直接效应可知，变革领导力对变革协同性有显著的正向影响（$\beta=5.63$，$p<0.01$）。具体而言，任务激励对变革协同性（$\beta=4.79$，$p<0.01$）、个性关怀对变革协同性（$\beta=4.14$，$p<0.01$）、创新引领对变革协同性（$\beta=3.47$，$p<0.01$）、跨界联合对变革协同性（$\beta=5.29$，$p<0.01$）都具有显著的正向影响。因此，假设 1 及其所有子假设（1a、1b、1c、1d）都得到完全支持。

另外，变革领导力对组织运营绩效的总效应是显著的（$\beta=0.69$，$p<0.01$）。具体而言，任务激励对组织运营绩效的总效应（$\beta=0.59$，$p<0.01$）、个性关怀对组织运营绩效的总效应（$\beta=0.55$，$p<0.01$）、创新引领对组织运营绩效的总效应（$\beta=0.49$，$p<0.01$）、跨界联合对组织运营绩效的总效应（$\beta=0.53$，$p<0.01$）都是显著的。本研究重点关注中介效应的检验，主要是基于自变量到因变量的间接效应进行判断。从表 7.4 可以看出，变革领导力通过变革协同性到组织运营绩效的中介效应为 0.48（CI：[0.22，0.74]）。具体而言，任务激励通过变革协同性到组织运营绩效的中介效应为 0.22（CI：[0.24，0.52]），个性关怀通过变革协同性到组织运营绩效的中介效应为 0.35（CI：[0.13，0.56]），创新引领通过变革协同性到组织运营绩效的中介效应为 0.31（CI：[0.12，0.50]），跨界联合通过变革协同性到组织运营绩效的中介效应为 0.28（CI：[0.07，0.62]）。上述间接效应的置信区间都不包括零，说明这些间接效应都是显著的。因此，假设 2 和其所有子假设（2a、2b、2c、2d）都得到完全支持。

表 7.4　主效应及中介效应分析

自变量对中介变量的直接效应				自变量对因变量的总效应			
自变量	β	标准误	下限	上限	自变量	β	标准误	下限	上限
变革领导力	5.63**	0.83	3.97	7.30	变革领导力	0.69**	0.11	0.49	0.91
任务激励	4.79**	0.78	3.23	6.35	任务激励	0.59**	0.10	0.39	0.78
个性关怀	4.14**	0.81	2.53	5.74	个性关怀	0.55**	0.10	0.35	0.75
创新引领	3.47**	0.76	1.95	4.99	创新引领	0.49**	0.09	0.31	0.67
跨界联合	5.29**	0.77	3.74	6.84	跨界联合	0.53**	0.11	0.32	0.75

中介变量对因变量的直接效应				自变量对因变量的直接效应			
自变量	β	标准误	下限	上限	自变量	β	标准误	下限	上限
变革领导力	0.04*	0.02	0.01	0.07	变革领导力	0.70**	0.11	0.48	0.91
任务激励	0.05**	0.01	0.02	0.07	任务激励	0.39**	0.12	0.13	0.60
个性关怀	0.05**	0.01	0.02	0.08	个性关怀	0.35**	0.11	0.13	0.56
创新引领	0.05**	0.01	0.02	0.08	创新引领	0.31**	0.10	0.12	0.50
跨界联合	0.05**	0.02	0.02	0.09	跨界联合	0.25	0.13	−0.01	0.51

自变量对因变量的间接效应				总效应模型拟合指标			
自变量	β	标准误	下限	上限	自变量	R^2	F	df1	df2
变革领导力	0.48	0.13	0.22	0.74	变革领导力	0.50**	9.20	7	65
任务激励	0.22	0.12	0.24	0.52	任务激励	0.47**	8.37	7	65
个性关怀	0.35	0.11	0.13	0.56	个性关怀	0.48**	8.48	7	65
创新引领	0.31	0.10	0.12	0.50	创新引领	0.48**	8.57	7	65
跨界联合	0.28	0.14	0.07	0.62	跨界联合	0.43**	6.89	7	65

注:$N=73$;* 表示 $p<0.05$,** 表示 $p<0.01$。表中显示的均为非标准化系数。考虑到篇幅原因,本表没有报告控制变量对因变量的回归效应。Bootstrap 选择 1000 次重复取样。

7.2.3.2　稳健性检验

为了进一步提升研究结果的可靠性,本研究还进行了稳健性测试。具体地,本研究用市场响应速度替代运营绩效来测量变革领导力及其四个维度对变革协同性和组织绩效的影响作用(见表 7.5)。操作上,本研究采用了 Akgün、Lynn 提出的关于市场响应速度的量表[262],信度系数为 0.87,代表性题项如"相

7.3 子研究二

在组织水平,企业进行数字化转型的目标是提升组织绩效。但这一目标在较低的个体水平则必须通过提升员工的任务绩效来实现。[265] 任务绩效代表了员工在多大程度上熟练掌握新的工作路径和任务流程,Oreg、Vakola、Armenakis 进一步指出个体水平的任务绩效可以作为衡量变革结果的指标之一。[266] 在数字情境下,企业领导者的任务要求发生了革命性的变化:组织层面的领导行为不仅要匹配商业模式的重构,而且需要新型的领导方式来适应数字情境下领导者与员工之间的新关系和新互动要求。在过去的组织中,高管领导力更多是在相对稳定的组织中通过中层、制度和文化来发生作用,而在数字技术时代相对更加扁平、文化更加活跃和平等的组织形态中,企业家与组织中的每个人有了更多直接接触的可能,高管领导力则倾向于直接影响和塑造员工的认知、态度与行为。总的来说,领导力的作用过程本身是一个包含个体、群体以及集体的多层次现象,其领导对象不仅包括了组织层面的战略、文化、结构等任务,还包括了实施具体变革任务的员工[182],因此有必要探究变革领导力对员工绩效的跨水平影响过程。

大多数的学者认为,员工在变革情境下不仅要改变原先的工作路径,而且要不断地修正他们与领导者之间的关系。为了应对变革过程中的适应挑战,员工需要有选择性地保留有利于组织绩效的路径要素,并将它们与新的、更加有效的新兴要素进行整合。[267] 因此,企业内员工在适应新工作要求的同时若保持先前绩效水平则往往会经历各种困难和冲突。[268] 为了减少这种冲突并有效地提升员工在变革过程中的绩效,组织中的高管必须表现出合适的领导行为。[60] 本研究的目的是探索数字化转型情境下的变革领导力如何影响个体水平的员工绩效。一方面,根据 Oreg、Vakola、Armenakis 的变革模型[266],变革的动力因素(例如支持、沟通)会显著地影响员工的反应,而员工的反应又会对变革结果(例如绩效)产生重要影响。本研究认为组织层面的变革领导力是组织变革的动力要素,当企业领导者呈现出较多的变革领导行为时,员工会呈现高水平的个体主动性,而这一个体主动性能够更好地适应变革情境下的新任务要求和新目标挑战,进而产生更好的任务绩效。另一方面,根据组织二元理论,变革协同性会对员工绩效产生重要影响,因此本研究假设变革领导力会通过变革协同性影响个体层面的员工工作绩效。

7.3.1　研究假设

7.3.1.1　变革领导力、个人主动性和员工任务绩效:2-1-1 模型

选择个人主动性作为变革领导力影响个体层面绩效的中介变量,主要有两方面的原因:第一,当今组织所面临的环境和任务的不确定性逐渐增加,来自企业转型的压力使得个体员工要面对全新的挑战,更快的创新要求具有创新性想法的实践者具备较高水平的主动性,即组织需要更加重视个体主动性来应对当前的变革挑战。[156] 第二,一些学者指出领导变量,尤其是组织变革情境下的领导力(例如变革型领导)会对员工的个体主动性产生重要影响,两者之间的关系值得学者进一步探索。[159] 在组织变革背景下,领导者为了鼓励下属完成较为困难的变革目标,从多种创新视角去解决组织问题以及满足员工在变革过程中的自我发展需求,因此更需要员工展现出较高水平的个人主动性。

个性关怀与个人主动性:个性关怀通过工作责任感、成就导向影响员工的个人主动性。个性关怀作为一种积极导向的领导行为,强调给予员工个性化的支持,鼓励同事间的相互信任与合作行为,能有效地增强员工的组织责任感,进而激发个人主动行为。在领导对员工缺乏责任感的工作环境中,员工会为了保护自己而避免主动行为。[269] 关系导向的行为中,组织高管会经常和员工沟通变革的必要性,在这一过程中,领导者往往会向员工描绘变革后组织的未来发展和员工的发展前景,这一领导行为会提高员工的成就需求水平,进而促进其在变革实践中表现出更多的个人主动行为。

任务激励与个人主动性:任务激励通过工作授权、技能发展和目标导向影响员工的个人主动性。在变革领导力所营造的授权情境中,员工可以自由决定行动内容、时间以及方式,还可以扮演领导角色,承担部分领导职能,共同参与

决策,这些活动能够有效地提升员工的自主性、工作热情和工作满意度[270,271],这些因素进一步促进个体主动行为的产生。Rank 等也发现,变革型领导的授权行为可以通过扩展下属的角色,增强下属的自我效能感,鼓励其个人主动行为。[273]此外,任务激励通过为员工提供培训以及资源支持来增强个体主动性。组织可以通过设定明确的变革目标以及密切反馈各变革阶段的进展等目标导向的行为增强个人主动性。当组织内有明确目标导向和反馈机制时,个体能够对自己所处的环境以及未来目标有较强的控制感,同时会主动地寻求上级的反馈信息。

创新引领与个人主动性:创新引领通过激发员工的变革导向和鼓励创新尝试来增强个人主动性。Frese、Fay 指出,变革导向的领导行为会鼓励下属采用新方法和多角度解决问题,而且员工在完成变革创新这一具有挑战性任务的同时也促进了自我发展,因此更可能激励个人主动性。[156]同时,在尝试新行动过程中,会出现各种意想不到的事件,而组织高管对失败和创新的宽容也会促进员工进行更多的主动行为。

跨界联合与个人主动性:跨界联合通过影响工作和组织条件来增强员工的个体主动性。在组织跨界联合行为中,高管常常参与不同行业的交流活动,积极探索跨市场、跨产业的技术合作,也会与不同行业的企业共享市场和技术信息,这些活动都在一定程度上改善了员工的工作环境和组织条件,使得他们更容易把握自己的工作内容,因而表现出更强的个人主动性。

另外,研究表明个体主动性与个人绩效结果密切相关。Thompson 发现,具有较强个人主动性的员工能更好地建立社会网络并利用网络中的关键资源来提升工作绩效。[273]Wanberg、Banas 研究发现,主动和上司维系关系的员工具有更强的社会整合能力,因而更容易得到认可。[274]Crant 在其文章中也指出,不同的主动行为对于职业发展、组织变革和创业行动等具有较好的预测力。[275]

关于个人绩效的具体内涵,本研究在参考以往领导力和个人主动性的相关文献的基础上,决定采用任务绩效作为变革情境下个人在数字化转型中的关键绩效结果。基于上述讨论,本研究提出下述假设。

假设 1:在数字化转型背景下,变革领导力和员工任务绩效具有正向关系。具体地,变革领导力中的四个维度(a)任务激励、(b)个性关怀、(c)创新引领、

(d)跨界联合,与员工任务绩效都具有正向关系。

假设 2:在数字化转型背景下,变革领导力和个人主动性具有正向关系。具体地,变革领导力中的四个维度(a)任务激励、(b)个性关怀、(c)创新引领、(d)跨界联合,与个人主动性都具有正向关系。

假设 3:在数字化转型背景下,个人主动性中介了变革领导力与员工任务绩效之间的相关关系。具体地,个人主动性会中介变革领导力的四个维度(a)任务激励、(b)个性关怀、(c)创新引领、(d)跨界联合,与员工任务绩效之间的各自关系。

7.3.1.2　变革领导力、变革协同性和员工任务绩效:2-2-1 模型

Raisch、Birkinshaw 认为组织二元性在组织、团队或个体水平的影响可能有所不同,因此分析水平对组织二元性研究是非常重要的。[276]大多数关于组织二元性的实证研究聚焦于组织水平,少部分聚焦于组织间水平。也有一些学者开始检验组织二元性在业务单元水平的应用,但是极少有研究在团队或个体水平检验组织二元性的作用。

在关注组织二元性和个体绩效的研究中,Jasmand、Blazevic、Ruyter 探索了二元协同行为与个体绩效之间的关系。[277]他们发现,销售人员的业务改进行为(利用性)与交叉销售行为(探索性)之间的协同性会显著提升顾客满意度和个人销售业绩。但是这是从情境二元性的视角来界定个体水平的变革协同性。与之不同,本研究对变革协同性的分析定位于组织水平,认为组织在数字化转型情境下实施的二元协同活动会对个体绩效产生重要影响。原因主要有两个方面:第一,企业在引入数字技术来优化原有业务流程的过程中,员工往往是具体任务的实施者,他们需要通过学习新的知识来适应组织正在发生的变革;第二,如果数字技术能够较好地优化原有业务,企业可以有效地开拓新的经营内容、销售渠道或外部关系,这些新的变化往往会刺激员工表现出更多的创新行为。关于个人绩效的具体内涵,本研究在参考以往领导力和个人主动性的相关文献基础上,决定采用任务绩效作为变革情境下个人在数字化转型中的关键绩效结果。基于上述讨论,本研究提出下述假设。

假设 4:在数字化转型背景下,变革领导力和变革协同性具有正向关系。具体地,变革领导力中的四个维度(a)任务激励、(b)个性关怀、(c)创新引领、

(d)跨界联合,与变革协同性都具有正向关系。

假设 5:在数字化转型背景下,变革协同性中介了变革领导力与员工任务绩效之间的相关关系。具体地,变革协同性会中介变革领导力的四个维度(a)任务激励、(b)个性关怀、(c)创新引领、(d)跨界联合,与员工任务绩效之间的各自关系。

7.3.2 研究方法

7.3.2.1 样本

此次研究所用样本和子研究一的来源是一样的。具体地,在 2015 年 12 月向 102 家企业发放了"领导-员工"配套问卷,其中领导版问卷由企业的高层管理者(CEO、创业者或核心部门管理者)进行填写,员工部分由公司内不同部门或者不同团队的员工进行填写。为了尽可能地增强样本的代表性,从三个不同方面做了努力:第一,在样本的来源方面,尽可能选择浙江、上海、北京等经济发达地区,这些地区的企业受数字技术影响的可能性更大;第二,在依托各类关系寻找目标企业时,过滤掉那些完全没有数字技术实践的企业;第三,在问卷设计时,有 1 道备用题测的是企业是否在实践中有应用数字技术以及应用的程度。截至 2016 年 2 月上旬,成功回收了 78 家企业的 402 份问卷。在对问卷检查之后,删除了数据缺失严重、填写质量较差以及"领导-员工"问卷不能匹配等问卷,最终获得了 73 份企业高管的问卷和 377 份员工的问卷。因此,企业层面的有效回收率为 76.40%,员工层面的有效回收率为 71.60%。

表 7.6 显示了参与调研的样本企业的背景信息。具体地,大部分样本来自民营企业,比例高达 84.9%。企业规模方面,50 人及以下占了 42.5%,2001 人及以上也达到 19.2%。行业类型方面,大部分企业属于制造业,占 34.2%。另外,大部分样本企业都处于成长阶段(47.9%)和变革阶段(19.2%)。

表 7.6 样本企业的背景信息

背景变量	类别	频次	比例
企业性质	国有	4 家	5.5%
	民营	62 家	84.9%
	外资	2 家	2.7%
	合资	5 家	6.8%
企业规模	50 人及以下	31 家	42.5%
	51~100 人	12 家	16.4%
	101~500 人	12 家	16.4%
	501~2000 人	4 家	5.5%
	2001 人及以上	14 家	19.2%
行业类型	IT/数字技术	26 家	35.6%
	零售	1 家	1.4%
	快速消费品	1 家	1.4%
	物流行业	4 家	5.5%
	制造业	25 家	34.2%
	其他	16 家	21.9%
发展阶段	初期阶段	10 家	13.7%
	成长阶段	35 家	47.9%
	成熟阶段	13 家	17.8%
	变革阶段	14 家	19.2%
	衰退阶段	1 家	1.4%

注：$N=73$。

表 7.7 则显示了样本企业领导问卷填写者的背景信息。在性别上，男性占了大多数(71.2%)。大部分领导者都是本科学历(42.5%)。这些企业领导者的平均年龄为 34.9 岁，参与工作的平均年限为 12.0 年，且在目前企业平均服务了 6.0 年。

表 7.7　样本企业领导问卷填写者的背景信息(领导样本)

背景变量	类别	频次/均值	比例
性别	男	52 家	71.2%
	女	21 家	28.8%
学历	大专及以下	24 家	32.9%
	本科	31 家	42.5%
	硕士及以上	18 家	24.7%
年龄	均值	34.9 岁	
总工作年限	均值	12.0 年	
本企业工作年限	均值	6.0 年	

注:N=73。

表 7.8 则显示了样本企业员工问卷填写者的背景信息。在性别上,男性占了大多数(53.6%)。大部分员工都是本科学历(49.6%)。这些企业员工平均年龄为 28.7 岁,参与工作的平均年限为 6.41 年,且在目前企业平均服务了 3.0 年。

表 7.8　样本企业员工问卷填写者的背景信息(员工样本)

背景变量	类别	频次/均值	比例
性别	男	202 人	53.6%
	女	175 人	46.4%
学历	大专及以下	158 人	41.9%
	本科	187 人	49.6%
	硕士及以上	32 人	8.5%
年龄	均值	28.70 岁	
总工作年限	均值	6.41 年	
本企业工作年限	均值	3.0 年	

注:N=377。

7.3.2.2　测量

变革领导力:采用自行开发的四维度量表。任务激励(3 道题目),代表性题

项如"公司高管在变革过程中制定了较为明确的目标",信度系数为0.92;个性
关怀(4道题目),代表性题项如"公司高管会对变革中遇到困难的员工给予帮
助",信度系数为0.90;创新引领(3道题目),代表性题项如"公司高管为适应互
联转型的特点构建了新的运营方式",信度系数为0.84;创新引领(5道题目),
代表性题项如"公司高管积极探索跨市场、跨产业的技术合作",信度系数为0.
90。变革领导力总体量表的信度系数为0.95。本量表采用Likert五点积分法,
1代表完全不符合,5代表完全符合。

变革协同性:采用He、Wong提出的组织二元性量表[260],其中探索性维度
包含4道题目(信度系数为0.64),代表性题项如"公司努力改进现有的产品和
服务质量",利用性维度也包含4道题目(信度系数为0.86),代表性题项如"公
司敢于开拓新的市场"。组织二元性的总体量表的信度系数为0.79。在理论研
究中,学者目前有两种方式来表示组织二元性。[261]第一种是平衡的视角,具体
在操作中是用探索性和利用性之差的绝对值表示。第二种是协同的视角,具体
操作中是用探索性和利用性之积表示。本研究基于关键的研究问题——企业
在数字化转型过程中的存量优势和增量协同,决定采用协同视角下的变革协同
性,即变革协同性=探索性×利用性。

个体主动性:采用Frese、Garst、Fay提出的个体主动性(personal
initiative)量表[269],总共7道题目(信度系数为0.89),代表性题目如"我会抓住
各种机会来完成我的工作目标"。本量表采用Likert五点积分法,1代表完全
不符合,5代表完全符合。

个体绩效:采用Piccolo等提出的任务绩效(task performance)量表[278],共
4道题目(信度系数为0.87),代表性题目如"该员工能完成他人所期望完成的
任务"。本量表采用Likert五点积分法,1代表完全不符合,5代表完全符合。

控制变量:本研究选取了个体层面的教育和工作时间,这两个变量被认为
对员工的绩效有重要影响[279],将组织层面的行业类型和发展阶段作为重要的
控制变量。其中,学历划分为三类:大专及以下、本科与硕士及以上。工作时间
是指员工进入社会的总工作时间。行业类型分为IT/数字技术、零售、快速消费
品、物流行业、制造业与其他六类。发展阶段分为初期、成长、成熟、变革与衰退
五类。本研究认为这四个变量会对个体层面的绩效产生重要影响,因此在分析

时先进行控制。

7.3.2.3 分析策略

组织是指人们为实现一定的目标，互相协作结合而成的集体或团体。员工作为个体，往往嵌套在其所在的特定的组织当中，其态度、行为和绩效除了会受到个体层面的因素影响外，还会受到团队、组织甚至是环境因素的影响。由于多层线性模型关注到了不同层次的测量误差和变量的信息特点，因此所提供的检验结果更加符合实际情况，因此在具体研究中需要重视不同层次因素的作用。[280]

本研究聚焦于数字化转型，关注变革领导力如何通过企业层面的变革协同性和个体层面的个体主动性对员工的任务绩效产生影响。这个研究问题具有典型的多层次特点，因此本研究采用多层线性模型对研究假设进行检验。[281]具体地，本研究根据假设构造了一个二阶模型，其中：变革领导力和变革协同性反映的是整个组织的情况，因此在第二层；个体主动性和个体任务绩效反映的是员工个体的具体情况，因此在第一层。另外控制变量也在相应不同的层次，企业类型和发展阶段在第二层，员工的教育背景和社会工作时间在第一层。在进行取样时，需要从不同的层级和单位采集样本，由此得到研究所需的多层嵌套数据。

在多层中介效应分析中，非参数 Bootstrap 方法在对具有多层结构的原始样本进行有放回的重复抽样时，要么是破坏第一层数据的嵌套属性，要么是缺乏足够的第二层样本数量而导致较大的估计偏差。[282]因此，本研究根据 Preacher、Selig 的分析建议[283]，用 Monte Carlo 方法替代常用的非参数 Bootstrap 方法对跨层中介的显著性进行检验。

在跨层分析之前，需要对数据的聚合情况进行判断。本研究通过 ICC(1)、ICC(2)的计算公式分析出组间均方差和组内均方差，然后判断 ICC(1)、ICC(2)能否通过"可汇聚"检验。事实上 ICC 是进行总体评价，是比较"粗糙"的判断，有些学者提出比较精确的判断应当依赖 Rwg 对每组的情况做出分别评价[234]，从绝对意义上看 Rwg 作为评价指标要比 ICC 好。在数据聚合过程中，本研究综合 Rwg、ICC(1)和 ICC(2)这三个指标考量变革领导力及其四个维度以及变革协同性是否适合进行数据聚合。LeBreton、Senter 认为，Rwg 的均值或中位数要大于 0.70，ICC(1)要大于 0.10，ICC(2)要大于 0.70，才能进行数据聚合。[235]但是,在实际研究中,ICC(2)常常会小于 0.70。因此 Chen、Bliese 提出,如果数据的聚合有理论依据且有较高的 Rwg 和通过 F 检验,研究者依然可以选择数据聚合。[236]LeBreton、Senter 也认为 ICC 的经验判断值并不是决定性的,要综合考虑数据聚合的理论依据以及综合考量三个判断标准。[236]另外,在运用 HLM 分析[284]之前,本研究对因变量的总变异数中可以被组间变异解释的百分比,即 ICC(1),进行计算,若 ICC(1)值大于 0.06,则可以进行 HLM 分析。

假设 1、假设 2 和假设 3 的检验方程组(跨层中介 2-1-1)

模型 1:

Level 1 (individual level):

$$TP = \beta_{00} + \beta_{01}(EDU) + \beta_{02}(TEN) + r_{00}$$

Level 2 (organization level):

$$\beta_{00} = \gamma_{00} + \gamma_{01}(IT) + \gamma_{02}(DS) + u_{00}$$

$$\beta_{01} = \gamma_{10}$$

$$\beta_{02} = \gamma_{20}$$

模型 2:

Level 1 (individual level):

$$TP = \beta_{00} + \beta_{01}(EDU) + \beta_{02}(TEN) + r_{00}$$

Level 2 (organization level):

$$\beta_{00} = \gamma_{00} + \gamma_{01}(IT) + \gamma_{02}(DS) + \gamma_{02}(CL) + u_{00}$$

$$\beta_{01} = \gamma_{10}$$

$$\beta_{02} = \gamma_{20}$$

模型 3:

Level 1 (individual level):

$$PI = \beta_{00} + \beta_{01}(EDU) + \beta_{02}(TEN) + r_{00}$$

Level 2 (organization level):

$$\beta_{00} = \gamma_{00} + \gamma_{01}(IT) + \gamma_{02}(DS) + \gamma_{03}(CL) + u_{00}$$

$$\beta_{01} = \gamma_{10}$$

$$\beta_{02} = \gamma_{20}$$

模型 4：

Level 1 (individual level)：

$$TP = \beta_{00} + \beta_{01}(EDU) + \beta_{02}(TEN) + \beta_{03}(PI) + r_{00}$$

Level 2 (organization level)：

$$\beta_{00} = \gamma_{00} + \gamma_{01}(IT) + \gamma_{02}(DS) + \gamma_{02}(CL) + u_{00}$$

$$\beta_{01} = \gamma_{10}$$

$$\beta_{02} = \gamma_{20}$$

$$\beta_{03} = \gamma_{30}$$

假设 4 和假设 5 的检验方程组(跨层中介 2-2-1)

模型 1：

Level 1 (individual level)：

$$TP = \beta_{00} + \beta_{01}(EDU) + \beta_{02}(TEN) + r_{00}$$

Level 2 (organization level)：

$$\beta_{00} = \gamma_{00} + \gamma_{01}(IT) + \gamma_{02}(DS) + u_{00}$$

$$\beta_{01} = \gamma_{10}$$

$$\beta_{02} = \gamma_{20}$$

模型 2：

Level 1 (individual level)：

$$TP = \beta_{00} + \beta_{01}(EDU) + \beta_{02}(TEN) + r_{00}$$

Level 2 (organization level)：

$$\beta_{00} = \gamma_{00} + \gamma_{01}(IT) + \gamma_{02}(DS) + \gamma_{03}(CL) + u_{00}$$

$$\beta_{01} = \gamma_{10}$$

$$\beta_{02} = \gamma_{20}$$

模型 3：

Level 1 (individual level)：

无

Level 2 (organization level)：

$$OA = \gamma_{00} + \gamma_{01}(IT) + \gamma_{02}(DS) + \gamma_{03}(CL) + u_{00}$$

模型 4:

Level 1 (Individual level):

$$TP = \beta_{00} + \beta_{01}(EDU) + \beta_{02}(TEN) + r_{00}$$

Level 2 (Organization level):

$$\beta_{00} = \gamma_{00} + \gamma_{01}(IT) + \gamma_{02}(DS) + \gamma_{03}(CL) + \gamma_{04}(OA) + u_{00}$$

$$\beta_{01} = \gamma_{10}$$

$$\beta_{02} = \gamma_{20}$$

TP 为员工任务绩效,PI 为个体主动性,EDU 为教育背景,TEN 为社会工作时间,这些变量都是个体层面的变量。CL 为变革领导力及其四个维度,OA 为变革协同性,IT 为行业类型,DS 为发展阶段,这些变量都是组织层面的变量。根据Raudenbush、Bryk 的建议[281],本研究将第一层的变量(个体层面)进行小组中心化,而第二层的变量(组织层面)为避免多重共线性不进行数据处理。此外,本研究没有第三层模型,因此截距不具备实际含义,模型中不需要展示。

7.3.3 研究结果

本研究检验了变革领导力及其四个维度和变革协同性能否进行聚合。运算结果显示,变革领导力 Rwg 的中位数为 0.89,ICC(1)为 0.18,ICC(2)为 0.53。任务激励的 Rwg 的中位数为 0.85,ICC(1)为 0.17,ICC(2)为 0.55,组间方差检验显著($F=2.24$, $p<0.01$)。个性关怀 Rwg 的中位数为 0.86,ICC(1)为 0.17,ICC(2)为 0.57,组间方差检验显著($F=2.99$, $p<0.01$)。创新引领 Rwg 的中位数为 0.81,ICC(1)为 0.21,ICC(2)为 0.63,组间方差检验显著($F=2.69$, $p<0.01$)。跨界联合 Rwg 的中位数为 0.89,ICC(1)为 0.19,ICC(2)为 0.60,组间方差检验显著($F=2.48$, $p<0.01$)。此外,变革协同性的探索性 Rwg 的中位数为 0.88,ICC(1)为 0.12,ICC(2)为 0.46,组间方差检验显著($F=1.84$, $p<0.01$);利用性 Rwg 的中位数为 0.90,ICC(1)为 0.16,ICC(2)为 0.54,组间方差检验显著($F=2.21$, $p<0.01$)。上述数据结果表明,这些变量基本满足数据聚合的条件。因此本研究将变革领导力及其四个维度和变革协同性聚合到组织层次进行分析。另外,本研究计算了个体主动性和任务绩效的

ICC(1)值,结果分别为 0.12 和 0.11。根据 Cohen 的观点[285],本研究可以针对个体主动性和任务绩效进行 HLM 分析。

接着,本研究计算了所有核心变量的均值、标准差、相关系数和信度系数。结果见表 7.9。由表 7.9 可知,所有变量的信度系数在 0.75 以上。在个体层面,个体主动性与任务绩效之间存在显著的相关关系;在组织层面,变革领导力及其四个维度和变革协同性之间都具有较强的相关性。上述结果为进一步分析变革领导力对员工绩效的跨层效应奠定了基础。

表 7.9　核心变量的均值、标准差和相关系数

变量		均值	标准差	1	2	3	4	5	6
个体层次 (N=377)	1. 个体主动性	4.05	0.63	**0.89**					
	2. 任务绩效	4.12	0.61	0.70**	**0.87**				
组织层次 (N=73)	1. 变革领导力	3.93	0.43	**0.95**					
	2. 任务激励	4.11	0.49	0.90**	**0.92**				
	3. 个性关怀	3.90	0.48	0.90**	0.78**	**0.90**			
	4. 创新引领	3.78	0.53	0.84**	0.65**	0.64**	**0.84**		
	5. 跨界联合	3.94	0.45	0.89**	0.76**	0.76**	0.64**	**0.90**	
	6. 变革协同性	17.60	3.81	0.66**	0.63**	0.54**	0.53**	0.65**	

注:* 表示 $p<0.05$,** 表示 $p<0.01$;加粗显示的是信度系数 α。变革协同性是一个合成概念,没有信度系数。

7.3.3.1　数据结果:跨层中介 2-1-1 模型

接下来通过 HLM 分析对假设 1、假设 2 和假设 3 进行检验。表 7.10 显示了变革领导力作为整体概念通过个体主动性影响员工任务绩效的过程。在模型 1 中,本研究将任务绩效作为因变量,并放入了个体层面和组织层面的四个控制变量,结果显示所有的控制变量对员工的任务绩效影响都是不显著的。在模型 1 的基础上,模型 2 进一步将组织层面的变革领导力作为第二层的自变量,发现变革领导力对员工的任务绩效具有显著的正向影响作用($\gamma=0.52$,$p<0.01$),因此假设 1 得到了验证。在模型 3 中,本研究将变革领导力作为自变量,个体主动性作为因变量,发现变革领导力对个体主动性具有积极的影响作

用($\gamma=0.56,p<0.01$),因此假设 2 得到了验证。在模型 4 中,本研究将变革领导力作为自变量,个体主动性作为中介变量,员工任务绩效作为因变量,发现变革领导力对员工任务绩效依然具有积极的影响作用($\gamma=0.16,p<0.01$),同时个体主动性对员工任务绩效也有积极的影响作用($\gamma=0.63,p<0.01$),模型 4 说明个体主动性在变革领导力和员工任务绩效之间起部分中介作用,假设 3 得到了验证。

表 7.10　跨层中介效应分析——变革领导力作为自变量:模型 2-1-1

	变量	任务绩效 (模型 1)	任务绩效 (模型 2)	个体主动性 (模型 3)	任务绩效 (模型 4)
个体层次 ($N=375$)	学历	$-0.01(0.08)$	$0.04(0.07)$	$0.06(0.06)$	$0.00(0.04)$
	工作年限	$0.01(0.01)$	$0.01(0.01)$	$0.02^*(0.01)$	$-0.00(0.00)$
	个体主动性				$0.63^{**}(0.05)$
组织层次 ($N=73$)	行业类型	$-0.05(0.06)$	$-0.06(0.03)$	$0.02(0.04)$	$-0.07^{**}(0.03)$
	发展阶段	$-0.01(0.02)$	$0.00(0.01)$	$-0.00(0.01)$	$0.00(0.01)$
	变革领导力	$0.52^{**}(0.08)$	$0.56^{**}(0.09)$	$0.16^{**}(0.05)$	
	离异数($-2LL$)	670.73	663.67	663.85	415.28

注:总样本中有 2 个数据缺失,在进行 HLM 分析时被删除。* 表示 $p<0.05$,** 表示 $p<0.01$。报告的是非标准化系数 γ,括号内显示的是稳健标准误,估计方法为最大似然估计。

类似地,本研究通过 HLM 分析对假设 1a、假设 2a 和假设 3a 进行检验。表 7.11 显示了任务激励通过个体主动性影响员工任务绩效的过程。在模型 1 中,本研究将任务绩效作为因变量,并放入了个体层面和组织层面的四个控制变量,结果显示所有的控制变量对员工的任务绩效影响都是不显著的。在模型 1 的基础上,模型 2 中进一步将组织层面的任务激励作为第二层的自变量,发现任务激励对员工的任务绩效具有显著的正向影响作用($\gamma=0.42,p<0.01$),因此假设 1a 得到了支持。在模型 3 中,本研究将任务激励作为自变量,个体主动性作为因变量,发现任务激励对个体主动性具有积极的影响作用($\gamma=0.46,p<0.01$),因此假设 2a 得到了支持。在模型 4 中,本研究将任务激励作为自变量,个体主动性作为中介变量,员工任务绩效作为因变量,发现任务激励对员工任务绩效依然具有积极的影响作用($\gamma=0.13,p<0.01$),同时个体主动性对员工

任务绩效也有积极的影响作用($\gamma=0.64$, $p<0.01$),模型 4 说明个体主动性在任务激励和员工任务绩效之间起部分中介作用,假设 3a 得到了验证。

表 7.11 跨层中介效应分析——任务激励作为自变量:模型 2-1-1

变量		任务绩效(模型 1)	任务绩效(模型 2)	个体主动性(模型 3)	任务绩效(模型 4)
个体层次(N=375)	学历	−0.01(0.08)	0.00(0.07)	0.02(0.06)	−0.01(0.04)
	工作年限	0.01(0.01)	0.01(0.01)	0.02*(0.01)	−0.00(0.00)
	个体主动性				0.64**(0.05)
组织层次(N=73)	行业类型	−0.05(0.06)	−0.04(0.04)	0.04(0.05)	−0.07(0.03)
	发展阶段	−0.00(0.02)	−0.00(0.02)	−0.01(0.02)	0.00(0.01)
	任务激励	0.42**(0.08)	0.46**(0.08)	0.13**(0.05)	
	离异数(−2LL)	670.73	640.38	672.82	417.00

注:总样本中有 2 个数据缺失,在进行 HLM 分析时被删除。* 表示 $p<0.05$,** 表示 $p<0.01$。报告的是非标准化系数 γ,括号内显示的是稳健标准误,估计方法为最大似然估计。

同样,本研究通过 HLM 分析对假设 1b、假设 2b 和假设 3b 进行检验。表 7.12 显示了个性关怀通过个体主动性影响员工任务绩效的过程。在模型 1 中,本研究将任务绩效作为因变量,并放入了个体层面和组织层面的四个控制变量,结果显示所有的控制变量对员工的任务绩效影响都是不显著的。在模型 1 的基础上,模型 2 中进一步将组织层面的个性关怀作为第二层的自变量,发现个性关怀对员工的任务绩效具有显著的正向影响作用($\gamma=0.38$, $p<0.01$),因此假设 1b 得到了支持。在模型 3 中,本研究将个性关怀作为自变量,个体主动性作为因变量,发现个性关怀对个体主动性具有积极的影响作用($\gamma=0.37$, $p<0.01$),因此假设 2b 得到了支持。在模型 4 中,本研究将个性关怀作为自变量,个体主动性作为中介变量,员工任务绩效作为因变量,发现个性关怀对员工任务绩效依然具有积极的影响作用($\gamma=0.14$, $p<0.05$),同时个体主动性对员工任务绩效也有积极的影响作用($\gamma=0.65$, $p<0.01$),模型 4 说明个体主动性在个性关怀和员工任务绩效之间起部分中介作用,假设 3b 得到了验证。

表 7.12 跨层中介效应分析——个性关怀作为自变量:模型 2-1-1

变量		任务绩效（模型 1）	任务绩效（模型 2）	个体主动性（模型 3）	任务绩效（模型 4）
个体层次(N=375)	学历	-0.01(0.08)	0.04(0.07)	0.05(0.07)	0.00(0.04)
	工作年限	0.01(0.01)	0.01(0.01)	0.01(0.01)	-0.00(0.00)
	个体主动性				0.65**(0.05)
组织层次(N=73)	行业类型	-0.05(0.06)	-0.06(0.04)	0.02(0.05)	-0.07**(0.03)
	发展阶段	-0.00(0.02)	0.01(0.02)	0.00(0.02)	0.01(0.01)
	个性关怀	0.38**(0.08)	0.37**(0.08)	0.14*(0.05)	
	离异数(-2LL)	670.73	647.83	686.21	415.93

注:总样本中有 2 个数据缺失,在进行 HLM 分析时被删除。* 表示 $p<0.05$,** 表示 $p<0.01$。报告的是非标准化系数 γ,括号内显示的是稳健标准误,估计方法为最大似然估计。

本研究通过 HLM 分析对假设 1c、假设 2c 和假设 3c 进行检验。表 7.13 显示了创新引领通过个体主动性影响员工任务绩效的过程。在模型 1 中,本研究将任务绩效作为因变量,并放入了个体层面和组织层面的四个控制变量,结果显示所有的控制变量对员工的任务绩效影响都是不显著的。在模型 1 的基础上,模型 2 中进一步将组织层面的创新引领作为第二层的自变量,发现创新引领对员工的任务绩效具有显著的正向影响作用($\gamma=0.34,p<0.01$),因此假设 1c 得到了支持。在模型 3 中,本研究将创新引领作为自变量,个体主动性作为因变量,发现创新引领对个体主动性具有积极的影响作用($\gamma=0.43,p<0.01$),因此假设 2c 得到了支持。在模型 4 中,本研究将创新引领作为自变量,个体主动性作为中介变量,员工任务绩效作为因变量,发现创新引领与员工任务绩效不存在显著的相关关系($\gamma=0.06,p>0.05$),但个体主动性对员工任务绩效依然有积极的影响作用($\gamma=0.65,p<0.01$),模型 4 说明个体主动性在创新引领和员工任务绩效之间起完全中介作用,假设 3c 得到了验证。

表 7.13　跨层中介效应分析——创新引领作为自变量:模型 2-1-1

变量		任务绩效（模型 1）	任务绩效（模型 2）	个体主动性（模型 3）	任务绩效（模型 4）
个体层次（$N=375$）	学历	$-0.01(0.08)$	$0.02(0.07)$	$0.05(0.06)$	$-0.01(0.04)$
	工作年限	$0.01(0.01)$	$0.01(0.01)$	$0.01(0.01)$	$0.-00(0.00)$
	个体主动性				$0.65^{**}(0.05)$
组织层次（$N=73$）	行业类型	$-0.05(0.06)$	$-0.06(0.05)$	$0.02(0.06)$	$-0.07^{*}(0.03)$
	发展阶段	$-0.00(0.02)$	$-0.00(0.02)$	$-0.00(0.02)$	$0.00(0.01)$
	创新引领	$0.34^{**}(0.07)$	$0.43^{**}(0.06)$	$0.06(0.05)$	
	离异数（$-2LL$）	670.73	646.87	669.74	420.72

注:总样本中有 2 个数据缺失,在进行 HLM 分析时被删除。* 表示 $p<0.05$,** 表示 $p<0.01$。报告的是非标准化系数 γ,括号内显示的是稳健标准误,估计方法为最大似然估计。

通过 HLM 分析对假设 1d、假设 2d 和假设 3d 进行检验。表 7.14 显示了跨界联合通过个体主动性影响员工任务绩效的过程。在模型 1 中,本研究将任务绩效作为因变量,并放入了个体层面和组织层面的四个控制变量,结果显示所有的控制变量对员工的任务绩效影响都是不显著的。在模型 1 的基础上,模型 2 中进一步将组织层面的跨界联合作为第二层的自变量,发现跨界联合对员工的任务绩效具有显著的正向影响作用($\gamma=0.50,p<0.01$),因此假设 1d 得到了支持。在模型 3 中,本研究将跨界联合作为自变量,个体主动性作为因变量,发现跨界联合对个体主动性具有积极的影响作用($\gamma=0.49,p<0.01$),因此假设 2d 得到了支持。在模型 4 中,本研究将跨界联合作为自变量,个体主动性作为中介变量,员工任务绩效作为因变量,发现跨界联合对员工任务绩效依然具有积极的影响作用($\gamma=0.18,p<0.05$),同时个体主动性对员工任务绩效也有积极的影响作用($\gamma=0.63,p<0.01$),模型 4 说明个体主动性在跨界联合和员工任务绩效之间起部分中介作用,假设 3d 得到了验证。

表 7.14 跨层中介效应分析——跨界联合作为自变量:模型 2-1-1

变量		任务绩效 (模型 1)	任务绩效 (模型 2)	个体主动性 (模型 3)	任务绩效 (模型 4)
个体层次 (N=375)	学历	−.01(0.08)	0.02(0.07)	0.04(0.06)	−0.00(0.04)
	工作年限	0.01(0.01)	0.01(0.01)	0.02^*(0.01)	−0.00(0.00)
	个体主动性				0.63^{**}(0.05)
组织层次 (N=73)	行业类型	−0.05(0.06)	−0.06(0.04)	0.02(0.05)	$−0.07^{**}$(0.03)
	发展阶段	−0.00(0.02)	0.00(0.01)	−0.00(0.02)	0.00(0.01)
	跨界联合	0.50^{**}(0.07)	0.49^{**}(0.08)	0.18^{**}(0.04)	
	离异数 (−2LL)	670.73	630.69	671.66	411.60

注:总样本中有 2 个数据缺失,在进行 HLM 分析时被删除。* 表示 $p<0.05$,** 表示 $p<0.01$。报告的是非标准化系数 γ,括号内显示的是稳健标准误,估计方法为最大似然估计。

关于跨层中介效应的判定,有研究指出 MCMAM(Monte Carlo method for accessing mediation)方法比传统的 Sobel 检验更加有效。[285] 鉴于此,本研究通过 Selig、Preacher 提供的线上工具 4[286],采用 MCMAM 方法构建了 95% 的置信区间来检验跨层中介效应的显著性。表 7.15 显示了个体主动性作为中介变量的间接效应。可以看出,变革领导力通过个体主动性影响员工任务绩效的间接效应的置信区间为[0.2392, 0.4820],任务激励间接影响员工任务绩效的置信区间为[0.1928, 0.4077],个性关怀间接影响员工任务绩效的置信区间为[0.1400, 0.3503],创新引领间接影响员工任务绩效的置信区间为[0.1971, 0.3672],跨界联合间接影响员工任务绩效的置信区间为[0.1962, 0.3654]。由于这五个置信区间都不包含零,本研究认定个体主动性在变革领导力及其四个维度和员工任务绩效之间的中介效应都是显著的,因此假设 3 及其子假设进一步得到了验证。

表 7.15 基于 MCMAM 方法的中介效应分析:模型 2-1-1

假设	间接效应作用路径	置信区间	结果
2	变革领导力→个体主动性→员工任务绩效	[0.2392, 0.4820]	显著
2a	任务激励→个体主动性→员工任务绩效	[0.1928, 0.4077]	显著

续　表

假设	间接效应作用路径	置信区间	结果
2b	个性关怀→个体主动性→员工任务绩效	[0.1400,0.3503]	显著
2c	创新引领→个体主动性→员工任务绩效	[0.1971,0.3672]	显著
2d	跨界联合→个体主动性→员工任务绩效	[0.1962,0.3654]	显著

注:中介效应估计采用 MCMAM 方法,选取 95% 置信区间,重复 20000 次。

7.3.3.2　数据结果:跨层中介 2-2-1 模型

本研究通过 HLM 分析对假设 4 和假设 5 进行检验。表 7.16 显示了变革领导力作为整体概念通过变革协同性影响员工任务绩效的过程。在模型 1 中,本研究将任务绩效作为因变量,并放入了个体层面和组织层面的四个控制变量,结果显示所有的控制变量对员工的任务绩效影响都是不显著的。在模型 1 的基础上,模型 2 中进一步将组织层面的变革领导力作为第二层的自变量,发现变革领导力对员工的任务绩效具有显著的正向影响作用($\gamma = 0.52, p < 0.01$)。在模型 3 中,本研究将变革领导力作为自变量,变革协同性作为因变量,发现变革领导力对变革协同性具有积极的影响作用($\gamma = 5.98, p < 0.01$),因此假设 4 得到了验证。在模型 4 中,本研究将变革领导力作为自变量,变革协同性作为中介变量,员工任务绩效作为因变量,发现变革领导力对员工任务绩效依然具有积极的影响作用($\gamma = 0.29, p < 0.01$),同时变革协同性对员工任务绩效也有积极的影响作用($\gamma = 0.04, p < 0.01$),模型 4 说明变革协同性在变革领导力和员工任务绩效之间起部分中介作用,假设 5 得到了验证。

表 7.16　跨层中介效应分析——变革领导力作为自变量:模型 2-2-1

变量		任务绩效(模型 1)	任务绩效(模型 2)	变革协同性(模型 3)	任务绩效(模型 4)
个体层次(N=375)	学历	−0.01(0.08)	0.04(0.07)		0.04(0.07)
	工作年限	0.01(0.01)	0.01(0.01)		0.01(0.01)

续　表

	变量	任务绩效 (模型 1)	任务绩效 (模型 2)	变革协同性 (模型 3)	任务绩效 (模型 4)
组织层次 (N=73)	行业类型	-0.05(0.06)	-0.06(0.03)	0.09(0.60)	-0.06(0.03)
	发展阶段	-0.01(0.02)	0.00(0.01)	0.11(0.17)	0.00(0.01)
	变革协同性				0.04**(0.013)
	变革领导力	0.52**(0.08)	5.98**(0.98)	0.29**(0.10)	
	离异数 (-2LL)	670.73	663.67		660.79

注:* 表示 $p<0.05$，** 表示 $p<0.01$。报告的是非标准化系数 γ，括号内显示的是稳健标准误，估计方法为最大似然估计。

类似地,本研究通过 HLM 分析对假设 4a 和假设 5a 进行检验。表 7.17 显示了任务激励通过变革协同性影响员工任务绩效的过程。在模型 1 中,本研究将任务绩效作为因变量,并放入了个体层面和组织层面的四个控制变量,结果显示所有的控制变量对员工的任务绩效影响都是不显著的。在模型 1 的基础上,模型 2 中进一步将组织层面的任务激励作为第二层的自变量,发现任务激励对员工的任务绩效具有显著的正向影响作用($\gamma=0.42,p<0.01$)。在模型 3 中,本研究将任务激励作为自变量,变革协同性作为因变量,发现任务激励对变革协同性具有积极的影响作用($\gamma=4.99,p<0.01$),因此假设 4a 得到了支持。在模型 4 中,本研究将任务激励作为自变量,变革协同性作为中介变量,员工任务绩效作为因变量,发现任务激励对员工任务绩效不再有显著的影响作用($\gamma=0.19,p>0.05$),但是变革协同性对员工任务绩效依然有积极的影响作用($\gamma=0.05,p<0.01$),模型 4 说明变革协同性在任务激励和员工任务绩效之间起完全中介作用,假设 5a 得到了验证。

表 7.17　跨层中介效应分析——任务激励作为自变量:模型 2-2-1

	变量	任务绩效 (模型 1)	任务绩效 (模型 2)	变革协同性 (模型 3)	任务绩效 (模型 4)
个体层次 (N=375)	学历	-0.01(0.08)	0.00(0.07)		0.03(0.07)
	工作年限	0.01(0.01)	0.01(0.01)		0.01(0.01)

续　表

变量		任务绩效 (模型1)	任务绩效 (模型2)	变革协同性 (模型3)	任务绩效 (模型4)
组织层次 (N=73)	行业类型	−0.05(0.06)	−0.04(0.04)	0.29(0.48)	−0.05(0.04)
	发展阶段	−0.00(0.02)	−0.00(0.02)	0.02(0.17)	−0.00(0.01)
	变革协同性				0.05**(0.01)
	任务激励	0.42**(0.08)	4.99**(0.96)	0.19(0.10)	
	离异数 (−2LL)	670.73	640.38		619.35

注:* 表示 $p<0.05$,** 表示 $p<0.01$。报告的是非标准化系数 γ,括号内显示的是稳健标准误,估计方法为最大似然估计。

同样,本研究通过 HLM 分析对假设 4b 和假设 5b 进行检验。表 7.18 显示了个性关怀通过变革协同性影响员工任务绩效的过程。在模型 1 中,本研究将任务绩效作为因变量,并放入了个体层面和组织层面的四个控制变量,结果显示所有的控制变量对员工的任务绩效影响都是不显著的。在模型 1 的基础上,模型 2 中进一步将组织层面的个性关怀作为第二层的自变量,发现个性关怀对员工的任务绩效具有显著的正向影响作用($\gamma=0.38,p<0.01$)。在模型 3 中,本研究将个性关怀作为自变量,变革协同性作为因变量,发现个性关怀对变革协同性具有积极的影响作用($\gamma=4.37,p<0.01$),因此假设 4b 得到了支持。在模型 4 中,本研究将个性关怀作为自变量,变革协同性作为中介变量,员工任务绩效作为因变量,发现个性关怀对员工任务绩效不再有积极的影响作用($\gamma=0.16,p>0.05$),但是变革协同性对员工任务绩效依然有积极的影响作用($\gamma=0.05,p<0.01$),模型 4 说明变革协同性在个性关怀和员工任务绩效之间起完全中介作用,假设 3b 得到了验证。

表 7.18　跨层中介效应分析——个性关怀作为自变量:模型 2-2-1

变量		任务绩效 (模型1)	任务绩效 (模型2)	变革协同性 (模型3)	任务绩效 (模型4)
个体层次 (N=375)	学历	−0.01(0.08)	0.04(0.07)		0.05(0.07)
	工作年限	0.01(0.01)	0.01(0.01)		0.01(0.01)

变量		任务绩效（模型 1）	任务绩效（模型 2）	变革协同性（模型 3）	任务绩效（模型 4）
组织层次（$N=73$）	行业类型	$-0.05(0.06)$	$-0.06(0.04)$	$0.06(0.57)$	$-0.06(0.04)$
	发展阶段	$-0.00(0.02)$	$0.01(0.02)$	$0.15(0.18)$	$0.00(0.01)$
	变革协同性				$0.05^{**}(0.01)$
	个性关怀	$0.38^{**}(0.08)$	$4.37^{**}(0.82)$	$0.16(0.09)$	
	离异数（$-2LL$）	670.73	647.83		623.85

注：$*$ 表示 $p<0.05$，$**$ 表示 $p<0.01$。报告的是非标准化系数 γ，括号内显示的是稳健标准误，估计方法为最大似然估计。

与上文一样，本研究通过 HLM 分析对假设 4c 和假设 5c 进行检验。表 7.19 显示了创新引领通过变革协同性影响员工任务绩效的过程。在模型 1 中，本研究将任务绩效作为因变量，并放入了个体层面和组织层面的四个控制变量，结果显示所有的控制变量对员工的任务绩效影响都是不显著的。在模型 1 的基础上，模型 2 中进一步将组织层面的创新引领作为第二层的自变量，发现创新引领对员工的任务绩效具有显著的正向影响作用（$\gamma=0.34$，$p<0.01$）。在模型 3 中，本研究将创新引领作为自变量，变革协同性作为因变量，发现创新引领对变革协同性具有积极的影响作用（$\gamma=3.80$，$p<0.01$），因此假设 4c 得到了支持。在模型 4 中，本研究将创新引领作为自变量，变革协同性作为中介变量，员工任务绩效作为因变量，发现创新引领与员工任务绩效仍然存在显著的相关关系（$\gamma=0.16$，$p<0.05$），且变革协同性对员工任务绩效有积极的影响作用（$\gamma=0.05$，$p<0.01$），模型 4 说明变革协同性在创新引领和员工任务绩效之间起部分中介作用，假设 5c 得到了验证。

表 7.19　跨层中介效应分析——创新引领作为自变量：模型 2-2-1

变量		任务绩效（模型 1）	任务绩效（模型 2）	变革协同性（模型 3）	任务绩效（模型 4）
个体层次（$N=375$）	学历	$-0.01(0.08)$	$0.02(0.07)$		$0.04(0.07)$
	工作年限	$0.01(0.01)$	$0.01(0.01)$		$0.01(0.01)$

续　表

变量		任务绩效 (模型1)	任务绩效 (模型2)	变革协同性 (模型3)	任务绩效 (模型4)
组织层次 ($N=73$)	行业类型	−0.05(0.06)	−0.06(0.05)	0.03(0.80)	−0.06(0.03)
	发展阶段	−0.00(0.02)	−0.00(0.02)	0.05(0.18)	−0.00(0.01)
	变革协同性				0.05**(0.01)
	创新引领	0.34**(0.07)	3.80**(0.72)	0.16*(0.07)	
	离异数 (−2LL)	670.73	646.87		622.81

注:* 表示 $p<0.05$,** 表示 $p<0.01$。报告的是非标准化系数 γ,括号内显示的是稳健标准误,估计方法为最大似然估计。

本研究通过 HLM 分析对假设 4d 假设 5d 进行检验。表 7.20 显示了跨界联合通过变革协同性影响员工任务绩效的过程。在模型 1 中,本研究将任务绩效作为因变量,并放入了个体层面和组织层面的四个控制变量,结果显示所有的控制变量对员工的任务绩效影响都是不显著的。在模型 1 的基础上,模型 2 中进一步将组织层面的跨界联合作为第二层的自变量,发现跨界联合对员工的任务绩效具有显著的正向影响作用($\gamma=0.50$,$p<0.01$)。在模型 3 中,本研究将跨界联合作为自变量,变革协同性作为因变量,发现跨界联合对变革协同性具有积极的影响作用($\gamma=5.59$,$p<0.01$),因此假设 4d 得到了支持。在模型 4 中,本研究将跨界联合作为自变量,变革协同性作为中介变量,员工任务绩效作为因变量,发现跨界联合对员工任务绩效依然具有积极的影响作用($\gamma=0.28$,$p<0.05$),同时变革协同性对员工任务绩效也有积极的影响作用($\gamma=0.04$,$p<0.01$),模型 4 说明变革协同性在跨界联合和任务绩效之间起部分中介作用,假设 5d 得到了验证。

表 7.20　跨层中介效应分析——跨界联合作为自变量:模型 2-2-1

变量		任务绩效 (模型1)	任务绩效 (模型2)	变革协同性 (模型3)	任务绩效 (模型4)
个体层次 ($N=375$)	学历	−0.01(0.08)	0.02(0.07)		0.04(0.06)
	工作年限	0.01(0.01)	0.01(0.01)		0.01(0.01)

续 表

	变量	任务绩效 (模型 1)	任务绩效 (模型 2)	变革协同性 (模型 3)	任务绩效 (模型 4)
组织层次 (N=73)	行业类型	−0.05(0.06)	−0.06(0.04)	0.03(0.58)	−0.06(0.04)
	发展阶段	−0.00(0.02)	0.00(0.01)	0.07(0.17)	−0.00(0.01)
	变革协同性				0.04**(0.01)
	跨界联合	0.50**(0.07)	5.59**(0.66)	0.28**(0.08)	
	离异数 (−2LL)	670.73	630.69		618.29

注:* 表示 $p<0.05$,** 表示 $p<0.01$。报告的是非标准化系数 γ,括号内显示的是稳健标准误,估计方法为最大似然估计。

在这一部分,本研究同样利用 Selig、Preacher 的 MCMAM 方法[286]来进一步检验跨层中介效应的显著性。表 7.21 显示了变革协同性作为中介变量的间接效应。可以看出,变革领导力通过变革协同性影响员工任务绩效的间接效应的置信区间为[0.0783,0.4238],任务激励间接影响员工任务绩效的置信区间为[0.0865,0.4091],个性关怀间接影响员工任务绩效的置信区间为[0.0746,0.3570],创新引领间接影响员工任务绩效的置信区间为[0.0821,0.3227],跨界联合间接影响员工任务绩效的置信区间为[0.0983,0.3503]。由于这五个置信区间都不包含零,本研究认定变革协同性在变革领导力及其四个维度和员工任务绩效之间的中介效应都是显著的,因此假设 3 及其子假设进一步得到了验证。

表 7.21 基于 MCMAM 方法的中介效应分析:模型 2-2-1

假设	间接效应作用路径	置信区间	结果
3	变革领导力→变革协同性→员工任务绩效	[0.0783, 0.4238]	显著
3a	任务激励→变革协同性→员工任务绩效	[0.0865, 0.4091]	显著
3b	个性关怀→变革协同性→员工任务绩效	[0.0746, 0.3570]	显著
3c	创新引领→变革协同性→员工任务绩效	[0.0821, 0.3227]	显著
3d	跨界联合→变革协同性→员工任务绩效	[0.0983, 0.3503]	显著

注:中介效应估计采用 MCMAM 方法,选取 95% 置信区间,重复 20000 次。

7.3.3.3 稳健性检验

为了进一步增强研究结果的可靠性,本研究还进行了一系列的稳健性测试。本研究用员工的创新绩效替代任务绩效来测量个体主动性及变革协同性的中介作用。操作上,本研究采用了 Farmer、Tierney、Kung-Mcintyre 提出的关于个体创新性的量表[215],信度系数为 0.90,代表性题项如"我经常尝试新的点子和新的方法"。研究结果见表 7.22,除了变革协同性在变革领导力和员工创新绩效之间不存在中介作用,本研究的其他假设都得到了有效验证。另外,也尝试使用其他不同类型的控制变量(例如把个体层面的控制变量替换为年龄和所属部门,组织层面的控制变量替换为企业规模和企业性质),本研究的所有假设并没有发生改变。总的来说,这些研究结果说明本研究提出的假设是比较稳健的。

表 7.22 稳健性检验

假设	间接效应作用路径	置信区间	结果
5	变革领导力→变革协同性→员工创新绩效	[−0.0115, 0.3418]	不显著
5a	任务激励→变革协同性→员工创新绩效	[0.0447, 0.3705]	显著
5b	个性关怀→变革协同性→员工创新绩效	[0.0603, 0.3407]	显著
5c	创新引领→变革协同性→员工创新绩效	[0.0615, 0.3251]	显著
5d	跨界联合→变革协同性→员工创新绩效	[0.0023, 0.2669]	显著

注:中介效应估计采用 MCMAM 方法,选取 95% 置信区间,重复 20000 次。

7.3.4 子研究二小结

子研究二的主要目的在于揭示组织层面的变革领导力对员工任务绩效的跨水平影响效能机制。在较低的组织水平,组织变革绩效的实现是通过提升员工的任务绩效来实现的。任务绩效代表了员工在多大程度上熟练掌握新的工作路径和任务流程,Oreg、Vakola、Armenakis 进一步指出个体水平的任务绩效可以作为衡量变革结果的指标之一。[266]研究结果显示,变革领导力及其四个维度对员工的任务绩效都有显著的正向影响作用。

另外,子研究二进一步根据数字化转型中的关键实践问题和目前的理论进展选取了变革协同性、个体主动性这两个不同层次的中介变量作为变革领导力影响员工任务绩效的重要因素。一方面,当今组织所面临的环境和任务的不确定性要求组织更加重视个人主动性来应对当前的变革挑战,一些学者也指出组织变革情境下的领导力会对员工的个人主动性产生重要影响。[156]另一方面,变革协同性是解决研究问题"存量业务和数字技术增量的协同"的重要理论变量,而变革协同性理论也指出它会对组织内的员工绩效产生重要影响。结合子研究一的结论"变革领导力和变革协同性具有显著的正向关系",子研究二认为变革协同性可能也是解释变革领导力对员工绩效产生影响作用的重要中介变量。研究结果证实了上述两个设想,即变革领导力及其四个维度都能积极地增强变革协同性和个体主动性,进而促进员工表现出更好的任务绩效。相较于先前关于领导力和员工绩效的研究,子研究二有三方面的主要理论贡献:第一,针对数字化转型情境探索了组织层面的变革领导力对员工绩效的影响;第二,检验了先前领导力研究中未关注的中介变量——变革协同性和个体主动性;第三,在组织水平和个体水平同时检验了变革领导力对员工任务绩效的影响过程。

本研究的结果也具有较强的实践指导意义。在数字技术时代的巨大价值网中,为企业带来价值的创新活动不再仅仅来自 CEO 和高管,也来自企业中的处于"草根"地位的基层员工。这些"小人物"不仅可以通过微创新为企业创造巨大的利润,而且以前所未有的主动性参与到企业的经营、决策和发展中。员工自发的、持久的个体主动性在企业的数字化转型进程中将大大地减少由于适应新的变化而产生的各种冲突和困难,进而促进转型。为了增强员工的个体主动性,组织中的高管必须表现出合适的领导行为。例如,企业高管可以通过向员工阐述变革的必要性和愿景来增强工作责任感与成就导向,通过工作授权和员工培训提升员工对工作的控制度,通过鼓励试错和容忍失败增加员工对未知活动的尝试。总的来说,组织高管在企业转型过程中可以通过上述变革领导行为增强员工的个体主动性,进而优化员工的任务绩效和整个组织的转型过程。

7.4　研究小结

在不同学科的领导力研究中,组织行为学通常聚焦领导者和下属之间的互动关系,而管理学则更多关注组织层次的变革任务,很少有研究同时整合这两种视角去探讨领导力的效能机制。本研究建立了一个多水平模型来解释变革领导力在"如何取得数字化转型成功"过程中所发挥的作用。在组织层面,变革领导力通过变革协同性对组织变革绩效产生影响,关注的是组织层次的变革任务和要求;在个体层面,变革领导力分别通过变革协同性和个体主动性对个体变革绩效产生影响,关注的是个体层面领导者与下属之间的互动。本研究将上述变革领导力的作用过程称为多层效能机制,整合了组织行为学和管理学中对领导力研究的不同侧重点,具有一定的理论创新性。

7.5　研究四的理论框架

研究四的理论框架如图 7.1 虚线部分所示。

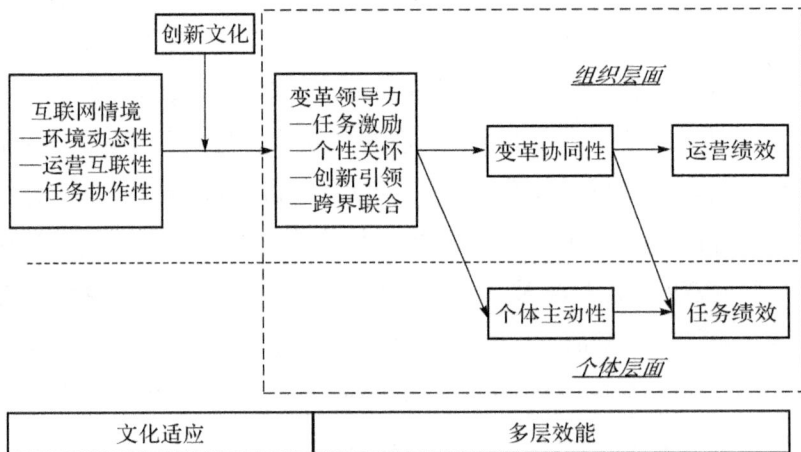

图 7.1　研究四的理论框架(虚线部分)

8 总 论

  数字化转型不仅是企业竞争优势的重要来源,还是行业变革和国家发展的重要战略。一方面,数字化转型可以帮助企业降低成本,提高效率,甚至优化产业链和重构商业模式;另一方面,政府已经意识到数字技术在整个经济发展中的重要作用,将其作为实现国家创业创新总战略的重要途径,以此来解决经济增速换挡、结构调整阵痛、前期政策消化的发展困境。同时,企业目前面临的情境发生了重大变化,全球化、开放性、分布式、交互式、去中心化、海量信息等数字技术特征要求企业的各项工作任务更加强调跨技能、跨部门甚至是跨组织的合作,而且企业内的流程、经营和管理与数字技术之间也以各种丰富与创新的方式建立了联系。但是,企业在转型过程中往往会面临"两不着"的变革困境:一方面,延伸的数字技术业务不能加强核心业务,另一方面,传统业务因转型急切而失去原先的优势。两者共同的结果都是整个组织变革失败。因此,企业领导者在这种情况下的核心任务是采取特定的变革领导力来实现原有存量业务的核心优势和数字技术增量之间的协同,最终促进企业的成功转型。

  许多学者认为,领导力是组织变革能否顺利推进的关键要素[6,7],组织变革失败的一个重要原因就是缺乏有效的领导行为[5]。同时,针对咨询报告和行业调研也指出,领导力是企业转型过程中最受关注的因素之一。[287,288]而数字化转型作为多维度、大规模和全方位性的组织变革,对企业领导者也提出了更高的要求,数字技术和企业经营环境融合所形成的新情境特征也要求企业采用新型的领导行为。然而,本书在回顾以往组织变革和领导力的研究进展后发现,学者对组织变革背景下的领导力探讨是去情境化的,很少有研究针对特定变革下的组织去探讨领导力的内涵和作用机制[57]，而且对中国情境下的数字化转型这一重大实践问题也缺乏关注。

　　基于以上实践问题和理论研究之间的差距，本书基于问题驱动和情境嵌入的研究范式，进一步将核心研究问题"企业领导者在数字化转型情境下需要采用哪些特定的领导行为，确保原有存量业务和数字技术增量的协同并最终实现成功变革"细化为三个方面：第一，在数字化转型情境下，企业需要采用哪种特定的情境化领导力，其核心内涵和具体表现是什么？第二，这一针对性的领导行为，在数字化转型情境下的影响因素是什么？第三，这一针对性的领导力，其效能机制是什么？会对组织和个体层面的效能产生怎样的作用，又是如何发生的？本书认为，对于上述三个问题的深入研究将有助于解释企业成功实现数字化转型的内在机制，因此通过系统的研究设计和多样的研究方法展开了一系列相互联系而又层层递进的实证研究，取得了一些值得关注的理论成果和实证证据。下面将从五个方面对本书进行总结：主要研究发现、理论进展贡献、管理实践意义、研究局限和未来展望、结论。

8.1　主要研究发现

8.1.1　变革领导力的构思开发和验证

　　本书聚焦的第一个问题是开发和验证数字化转型情境下变革领导力的概念构思。由于数字化转型是涉及整个公司的多维度、大规模和全方位性的组织变革，以往组织变革背景下对领导力探讨却大多是去情境化的[189]，因此本书针对数字化转型这一重要的变革情境，通过最新理论发展、典型案例和多轮问卷的深入分析，创造性地提出并验证了这一针对特定情境的变革领导力及其四个维度。本书遵循理论抽样原则选取了三个数字化转型的典型企业案例，并通过案例访谈、内部文件、视频转录和网络资料等多种信息来源，对样本企业领导者在数字化转型过程中的关键举措进行了案例内分析和跨案例比较，从而总结出变革领导力的核心内涵与维度构成：任务激励、个性关怀、创新引领和跨界联合。其中："任务激励"指企业高管在变革背景下为完成变革任务而实施的明晰角色、团队协作和过程监控行为;"个性关怀"是指企业高管在变革背景下为克服变革阻力而实施的支持、发展和授权行为;"创新引领"是指企业高管在变革背景下为重塑企业的竞争优势而实施的鼓励创新、流程优化和模式设计行为;"跨界联合"是指企业高管在变革背景下为建构成功变革所需的外部支持而实施的信息共享、资源交换和外部合作行为。本书认为这四个维度之间既紧密联系又相互区别,共同构成了组织层面的变革领导力。

在此基础上,本书遵循量表开发的规范步骤,通过理论回溯、深度访谈、专家评审和企业预测试等途径构建了初始量表,并基于 210 份有效问卷的探索性因素分析得到了由 15 道题目构成的测量量表。本书进一步通过第二轮 316 份有效问卷进行了验证性因素分析,结果表明基于"任务导向-关系导向"和"个体聚焦-组织聚焦"分析框架的四维度理论构思与实证数据有较好的拟合度。本书通过上述问卷检验发现变革领导力具有较好的聚合效度、辨别效度和效标关联效度。综上所述,本书构建了变革领导力的四维度构思,开发并验证了 15 道题目构成的测量量表,从而为后续实证研究奠定了的基础。

8.1.2 变革领导力的适应机制

本书聚焦的第二个问题是数字化转型情境对变革领导力的影响过程。一些学者认为,领导力研究要考虑其所处的情境。[135,136]在本书关注的背景中,数字技术发展中出现的新特征导致了关系、连接、规则和沟通方式等诸多组织要素的转变,并重塑了企业在非数字情境下所构建的各种结构和规则。一些原来对企业领导行为有重要影响的因素被其他要素所替代,或者与数字技术要素融合,形成了新的关键情境特征。本书基于企业在数字化转型中面临的关键挑战,提出了三大情境特征——环境动态性、运营互联性和任务协作性,并通过 73 家样本企业的配套问卷揭示了这三类情境因素对变革领导力的影响作用及其边界条件。

研究结果发现,数字技术的大部分情境(环境动态性和任务协作性)会积极影响变革领导力的产生。也就是说,当数字化转型给企业带来的动态性越强,工作任务越需要不同部门之间的协作时,越需要采用变革领导力进行应对。也就是说,数字情境因素中的环境动态性和任务协作性在数字情境下受到激活,成为关键的情境因素,并进一步影响变革领导力的产生。另外,进一步的研究发现,创新文化在大部分的数字情境(环境动态性和任务协作性)与变革领导力之间起负向调节作用。这一研究结果说明,当一个组织的创新文化不足时,企业更需要采用变革领导力来应对数字情境带来的冲击。本书将上述领导力的形成过程称为变革领导力的文化适应机制。

一个比较有意思的现象是,运营互联性对变革领导力的形成几乎没有影响,而且创新文化也没有起到调节作用。本书认为,运营互联性这一数字情境在一定程度上不同于环境动态性和业务互联性。对一个组织而言,数字技术对企业重要经营活动带来的影响(运营数字技术)具有"双刃剑"功能——数字技术既可以产生正面影响,也可以带来负面影响,效应的结果可能还取决于其他组织或环境条件。鉴于此,未来研究应该进一步探索积极的运营互联性和消极的运营互联性对该变革领导力的影响作用,从而更好地揭示它的产生过程。

8.1.3 变革领导力的效能机制

本书聚焦的第三个问题是变革领导力在数字化转型情境下的效能机制。基于多水平的分析框架,本书通过对 73 家企业进行多来源、多层次的问卷研究,系统地解释了变革领导力的多水平效能机制。

数字化转型是涉及组织层面的系统转型,因此在效能机制的第一个研究中,本书检验了变革领导力及其四个维度与组织绩效之间的关系,以证明这一概念在理论上的"合法性"。通过大规模的样本问卷调研,本书有效回收了 73 份企业层面的领导问卷和 377 份个体层面的员工问卷。通过不同的数据来源和层级线性回归分析,发现变革领导力可以通过增强变革协同性提高组织的运营绩效,进一步的稳健性检验也得出了相似的结论。这一研究结果证实了对于进行数字化转型的企业,采用变革领导力这一特定情境的领导行为可以有效地促进原有存量业务和数字技术增量的协同,进而提升企业的转型绩效。

在组织水平,企业进行数字化转型的目标是改善组织绩效,但这一目标在较低的个体水平是通过提升员工的任务绩效来实现的。[265]因此在效能机制的第二个研究中,本书检验了变革领导力对个体任务绩效的跨层影响过程。具体地,本书以变革协同性和个体主动性两个变量构建了一个"双通道"的跨层中介模型,同时基于 73 份企业层面的领导问卷和 375 份个体层面的员工问卷的跨层分析,发现组织层面的变革领导力会分别增强组织层面的变革协同性和员工层面的个体主动性,进而提高个体层面的任务绩效,且进一步的稳健性检验也得出了相似的结论。这一研究结果说明在数字化转型过程中,采用变革领导力这一特定情境的领导行为可以有效地调动员工的主动性和进取性,并最终促进员工的变革适应和绩效提升,为组织的整体转型提供重要保障。

综上所述,本书通过四个紧密关联的研究,开发了变革领导力在数字化转型这一创业情境下的理论构思和测量量表,并揭示了其文化适应机制和多层效能机制,较好地回答了本书所提出的三个理论问题,形成了如图 8.1 所示的整合模型。

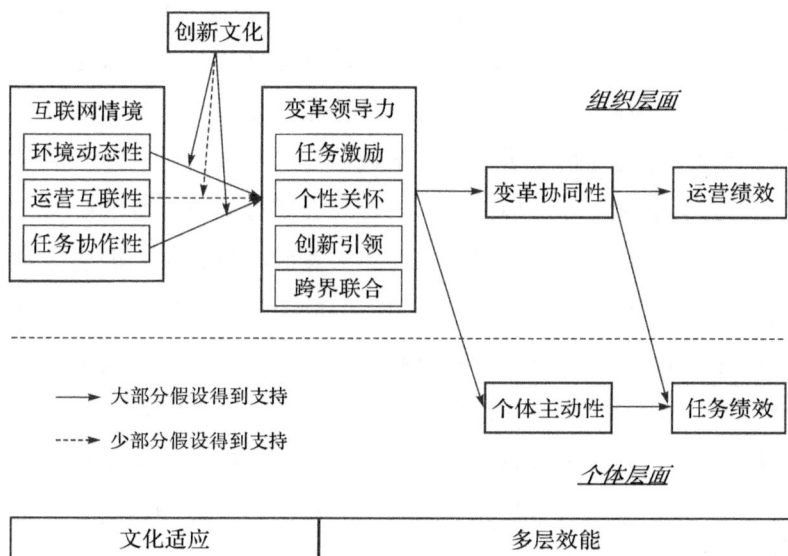

图 8.1 变革领导力及其效能机制的整合模型

8.2 理论进展贡献

8.2.1 基于中国重大管理实践,丰富了变革领导力的情境化研究

从目前的研究回顾来看,组织变革和领导力理论取得的最大进展主要集中在变革型领导与变革领导力理论。但是,本书发现上述两个主流理论对领导力的探讨却是去情境化的[189],要么研究对象往往是并不承担变革任务的一般性

组织,要么领导行为并没有嵌入特定变革情境。本书的第一个理论贡献在于,以数字化转型这一重要的实践活动为研究背景,从三个不同的方面丰富了组织变革和领导力的情境化研究。

首先,变革领导力的多维度构思是基于特定的变革情境而开发的。此前组织变革背景下的领导力概念及测量均源于西方文化和实践背景,而本书开发了适用于中国企业数字化转型的变革领导力多维度构思,不仅聚焦如何激励员工和推进任务,还关注组织层面的创新行为以及组织与外界的新型互动关系,因而能够为学者深入理解数字化转型背景下的变革过程和成功机制提供一个较好的理论切入点。另外,组织聚焦的两个概念维度——创新引领和跨界联合,在内涵方面也很好地反映了实践界在谈论数字化转型时经常提到的"跨界创新"和"生态系统",因此在应用理论时具有较好的实践适用性。

其次,变革领导力的情境因素是基于数字技术特点提出的。在关注转型问题时,本书发现数字技术发展中出现的新特征会导致整个社会的关系、连接、规则和沟通方式等诸多文化要素的转变,在组织层面则重塑了企业的各种旧有结构和规则。按照PDP理论中的激活规则,一些原来对企业领导行为有重要影响的情境因素在数字化转型情境下受到抑制,而数字技术发展所激发的新情境在转型背景下受到激活并对变革领导力的出现产生重要影响。不同于以往研究,本书基于该情境提出的环境动态性、运营互联性和任务协作性具有鲜明的异质特征,是综合考量了数字技术的新兴价值取向和企业的旧有运营规则的融合后构建的。

最后,变革领导力影响绩效的组织中介变量是基于数字化转型中的关键困境而精心设计的。本书将变革协同性界定为"组织二元性在数字化转型背景下的情境表现"。这样的概念定义不仅能更好地理论表征"存量业务和数字技术增量之间的协同"这一实践问题,而且也符合组织二元性研究的情境化需求。具体地,O'Reilly、Tushman 发表在 *Academy of Management Perspective* 期刊上的文章指出,组织二元性的去情境化(包括概念本身和测量工具)是目前一些研究取得不一致结论的直接原因,因此建议未来研究嵌入具体情境来论述和测量组织二元性。[148] 同时,Benner、Tushman 发表在 *Academy of Management Review* 期刊的文章指出,数字情境对研究企业当前的二元性活动是非常重要的,因为探索活动和利用活动在该情境下的内在本质发生了很大变化,导致组织二元性概念内涵实践是脱节的。[149]因此,本书对组织二元性这一概念的情境化做了非常有意义的研究尝试。

总的来说,本书基于中国管理实践问题,构建了一个基于数字化转型的变革领导力理论。很明显,这是一个嵌入特定情境的本土研究,通过"特定情境研究—特定情境模型"这一路径丰富了变革领导力的情境化研究。[290]

8.2.2 基于数字化转型的特定情境,探索了变革领导力的文化适应过程

随着变革型领导这一概念成为领导力研究的主流,越来越多的学者认识到组织情境的必要性及其对领导行为的重要影响。从文献回顾来看,学者已经从环境因素、组织生命周期、组织技术和任务、组织结构、管理模式、领导继任和组织目标等不同的视角探讨了变革型领导产生的组织情境因素,也产生了许多有启发意义的理论模型。但是具体到针对数字化转型情境的变革领导力,由于先前缺乏测量工具,因此还未有学者针对性地解释其产生机制。同时,国内许多研究在关注领导力的情境因素时,往往只是简单地应用国外成熟概念,对本国管理活动所处的特定情境缺乏关注,因此理论贡献和解释力都有所不足。

本书基于 Wang"问题驱动"和"情境嵌入"的研究思想[9],在前期拓展了变革领导力的概念内涵后,进一步分析变革领导力在数字化转型情境下的适应机制。结合数字技术的固有特征和情境分析,本书提出了变革领导力在数字化转型情境下的形成过程,重点关注数字情境对变革领导力的影响作用和组织因素的边界条件作用。研究发现,大部分的数字情境因素(环境动态性和任务协作性)对变革领导力的形成有重要促进作用,进一步分析显示,创新文化这一组织要素抑制了上述影响过程。研究结果一方面构建了基于中国数字化转型的异质性情境以及这些因素对变革领导力的影响作用,另一方面阐述了组织文化要素的边界条件,对企业的实践也具有较好的指导意义。同时,这一研究也拓展了情境嵌入和问题研究思想在领导力研究中的应用。

8.2.3 整合多理论视角,揭示了变革领导力的多层效能机制

变革领导力作为一个情境依赖的组织概念,其效能的发挥是一个含个体、群体和组织的多水平过程。在数字化转型中,企业领导者关注的对象不仅包括

实施具体变革任务的员工，还包括组织层面的战略、文化、结构等任务。通过文献回顾，本书发现不同学科在关注组织变革和领导力时是有差异的，组织行为学通常聚焦变革背景下领导者和下属之间的互动关系，而管理学则更多关注组织层次的变革任务，很少有研究同时整合这两种视角去探讨领导力的作用机制。虽然双层模型变革型领导的提出为学者研究领导力的多水平效应提供了新的视角，但是团队聚焦和个体聚焦的概念界定使得这一理论在解答组织层次的转型问题时仍适用性不足。

因此本书的第三个理论贡献在于，整合了组织行为学和管理学中有关组织变革与领导力的研究视角，同时建立了一个聚焦组织和个体水平的理论模型来解释变革领导力在数字化转型过程中所发挥的多水平作用。一方面，数字化转型是涉及组织层面的系统转型，其成功与否的关键在于"原有业务的核心优势和数字技术之间能否发挥协同效应"，基于此，本书精心设计了变革协同性这一中介变量，并在组织层面验证了变革领导力对转型绩效的积极作用。另一方面，员工作为个体往往嵌套在其所在的特定的组织当中，其态度、行为和绩效除了会受到个体层面的因素影响外，还会受到团队、组织甚至是环境因素的影响。在数字化转型情境下，员工面临的环境和任务更加复杂与具有不确定性，而个人主动性是应对此类变革挑战的重要因素。[156]因此，本书基于变革协同性和个体主动性视角，充分地探讨变革领导力究竟如何对个体层面的绩效结果产生跨层的正面影响。上述研究过程和结论，不但整合了组织行为学和管理学中关于领导力的研究视角，还拓展了变革协同性和个体主动性等重要概念在变革领导力研究中的应用。

8.3　管理实践意义

伴随着新兴技术的快速发展和企业战略转型的深度推进，大多数企业将逐渐踏入围绕数字技术的新经济轨道。在这一轨道中，企业面临着许多与传统工业经济完全不同的挑战，不可避免地会遇到新老业务的资源争夺、不同商业模式的平衡协调以及两条轨道并行带来的文化冲突等问题。因此，如何稳健地行驶在两条完全不同商业逻辑的轨道上,对其应对动态外部环境和实现可持续发展至关重要。事实上,数字化转型主要在两方面发挥作用:一是企业利用数字技术和平台进行自我变革,提高生产效率;二是通过跨界融合不同产业,培育出新产品、新业态。两者的共同点都是企业的存量资源和数字技术增量之间协同发展。但在这一过程中,企业往往会面临"两不着"的转型困境,一方面延伸的数字技术业务不能加强核心业务,另一方面传统业务因转型急切而失去原先的优势。而本书正是在上述背景下,围绕"如何确保原有业务的核心优势和数字技术增量的协同优势"这一研究问题,提出了有针对性的变革领导力并展开了层层递进的实证研究,获得了许多对实践问题有启示的研究结果。

首先,本书的研究结果对管理者的第一个重要启示,就是企业领导者在数字化转型过程中需要转变自身的领导模式,通过有意识地采取特定的领导行为来促进整体变革。在日常经营过程中,企业高管积累了大量经过实践验证的领导行为,但是他们并没有意识到数字技术的快速发展彻底重塑了所在行业的成功规则。在这种情况下,数字化转型的最大障碍在于领导者过去所形成的成功经验、依赖路径和惯性思维,阻碍了企业高管对趋势发展的预判以及持续创新的渴望,正如马云所言——"看不见,看不懂,看不起,来不及"。因此,本书提出的变革领导力概念模型不仅强调要关注转型所产生的各类任务要求和关系冲突,更重要的是建议领导者跳出现有框架来看待整个组织及其所处的行业环境,要基于数字技术特点构建新的问题解决方案、组织结构和联盟关系。在这一方面,海尔公司的数字化转型为企业家提供了很好的榜样。张瑞敏通过企业平台化、员工创客化、用户个性化的战略转型,大幅度削减了企业的管理层次并构建了一个有多个行业参与的平台,将转型实践发挥到了极致。

其次,本书的研究结果从一定程度上解释了为什么大部分企业的数字化转型策略会失败。对于这些企业,数字化转型只是单纯"+互联网"的过程,但是上述过程并不能解决企业面临的经营问题。因为"+互联网"本质上只是数字技术或者工具在企业中的简单应用,并没有和传统业务的核心优势(存量资源)产生联动效应,而这也恰恰是目前许多企业进行数字化转型的常见误区之一。企业要想数字化转型成功,需要实现既有业务与数字技术相关技术和工具的深度融合,即"互联网+"策略才能保证传统业务的存量资源与数字技术增量发挥协同效应。根据研究结果，针对数字化转型情境提出的变革领导力是影响原有业务和数字技术之间发挥协同作用的重要前因，因此在实践中企业领导者要重视变革领导力的发展，可以通过任务激励、个性关怀、创新引领和跨界联合等具体行为促进传统业务的存量资源和数字技术的深度融合与协同增强，从而更好地促进企业成功完成转型升级。

最后，变革领导力文化适应机制对中国企业数字化转型的实践启示在于，企业可以通过构建多种策略来应对数字情境。本书的研究发现，当企业面临的环境动态性或任务协作性越强时，则越需要企业采取变革领导力进行应对。该领导力在组织运作时能够带来竞争优势的稀缺资源，但是，并不是每一个企业都能恰好拥有这样一位强有力的领导者。在这种情境下，组织需要"未雨绸缪"，在数字技术对组织产生影响之前构建一个开放的、创新的和包容的组织文化，减少情境因素对变革领导行为的需求。另外，组织也可以通过特定的制度安排来让某个团队或优秀管理者实施变革领导力中包含的四类行为，从而达到应对动态数字情境的要求。

8.4　研究局限和未来展望

本书立足于数字化转型这一重大实践和现实现象，通过系统的理论回顾、严谨的研究设计和多元的实证方法，对变革领导力的概念内涵、影响过程和作用机制进行了较为充分的探索。尽管取得了一定的理论进展，对管理实践也有一些启发，但总体上仍存在一些不足。

首先，研究设计可以进一步优化。在案例研究方面，由于研究者资源的限制，只获取了零售、家装和公路物流三个行业的企业案例。虽然这三个案例在成立时间、企业规模和发展阶段等方面都具有一定差异性，也比较符合"数字化转型"这一变革背景，但是还有许多其他正在经历数字化转型的行业并没有进入案例研究中（比如绪论中提到的金融、汽车、农业、媒体等行业）。而且本书选取的三个案例都是已经经过市场验证的、已经成功进行数字化转型的企业，导致在具体领导行为的抽取过程中存在一定的"幸存者偏差"。因此，后续的研究应该聚焦更多受数字技术影响的其他行业,同时在取样中关注数字化转型的失败案例,从而进一步完善变革领导力的概念内涵。在问卷研究方面,由于研究条件的限制,本书采用了横截面的研究设计,所有变量均在同一时间点测得,这不利于揭示变革领导力受情境因素影响以及对变革结果作用的动态过程。尤其是考虑到组织变革这一重要情境,企业领导者的变革领导行为在数字化转型的不同阶段可能有所差异。例如,企业在数字化转型初期可能更需要高管展现出任务激励和个性关怀两类领导行为,而随着数字化转型进程的推进则可能对高管的创新引领和跨界联合提出了更高的要求。因此,本书建议未来研究应该考虑采用纵向研究设计来深入探讨变革领导力的适应过程和作用机制。

其次,变革领导力的文化适应过程需进一步研究。研究结果显示,大部分情况下数字情境(环境动态性和任务协作性)水平越高,组织中就越有可能产生变革领导力。但是一个比较有意思的现象是,运营互联性对变革领导力的形成几乎没有影响,而且创新文化也几乎没有起到调节作用。本书认为,运营互联性这一情境因素的性质在一定程度上不同于环境动态性和任务协作性。对一个组织而言,数字技术给企业重要经营活动带来的影响(运营数字技术)具有"双刃剑"功能——数字技术既可以产生正面效应,也可以带来负面影响,结果可能还取决于其他组织或环境条件。而组织在适应环境动态性和任务协作性时更多是消耗资源的。因此不同的问卷被试者可能从不同的方向对运营互联性进行判断,或者同一个问卷被试者在判断运营互联性对企业的影响时会由于"数字技术带给企业的究竟是正面影响还是负面影响"而产生疑惑,从而降低了问卷的效度。鉴于此,未来研究应该明确互联性的属性,进一步探索积极的运营互联性和消极的运营互联性对该变革领导力的影响作用及其边界条件,从而更好地揭示它的产生过程。

最后,通过比较研究探索本书提出的变革领导力在其他文化背景下的适应性。中国情境下的管理研究已经引起了国际主流管理学期刊的持续关注,并逐渐成为全球管理理论新知识的重要来源,因此许多学者建议构建中国情境的管理理论。[9,290,291]本书的研究出发点正是响应这一号召,并通过"特定情境下的本土研究→特定情境模型或知识→全球管理知识"这一行动路径,构建了针对中国企业数字化转型的变革领导力理论。但是,这一理论具有高度情境化和本土化的特点,那么这一基于中国情境的研究能否以及如何应用到其他国家的相应转型实践中,还未得到有效的探讨。例如,中国和美国的数字技术发展都十分迅速,但两者在发展模式、价值观方面又存在明显的不同。[1] 那么,这两个国家中的企业在面临数字化转型时的情境特征是否有所区别,是否会对变革领导力产生不同的影响?因此,未来研究可以在本书的研究基础上通过跨文化的比较研究明确变革领导力的适应范围。

8.5　结 论

本书以数字化转型的重大实践为研究背景,以企业领导者面临的关键挑战为切入点,经过系统的研究设计、实证调研和数据分析,主要取得以下三个方面的重要结论。

第一,在数字化转型情境下,企业领导者的任务要求发生了革命性的变化并带来了新的挑战,同时所需的能力呈现出一系列新的特征。因此,企业需要采取情境化的变革领导力。这一领导力由四类关键行为构成,分别为任务激励、个性关怀、创新引领和跨界联合。

第二,该变革领导力在数字情境下更容易出现。具体地,当数字化转型过程中的各项工作更加强调任务协作性,或数字技术发展带给企业更强的环境动态性时,企业领导人更有可能采用或者表现出具有针对性的变革领导力。另外,上述影响作用受到创新文化的负向调节,即创新性文化越弱,越需要变革领导力去应对数字情境。这一结果反映了变革领导力的文化适应过程。

第三,变革领导力会对组织的变革绩效和员工的绩效产生重要影响。一方面,变革领导力促进会增强变革协同性进而提高组织的变革绩效(运营绩效和市场响应);另一方面,变革领导力会同时增强组织层面的变革协同性和员工层面的个体主动性,进而提高员工的变革绩效(任务绩效和创新绩效)。这一结果反映了变革领导力的多层效能机制。

参考文献

[1]王重鸣,吴挺. 互联网情境下的创业研究[J]. 浙江大学学报(人文社会科学版),2016,46(1):131-141.

[2]中国的数字化转型:互联网对生产力与增长的影响[R]. 麦肯锡全球研究院,2014.

[3] MCAFEE A, BRYNJOLFSSON E. Big data:The management revolution.[J]. Harvard business review, 2012(10):60-68.

[4]WEICK K, QUINN R. Organizational change and development[J]. Dynamics of organizational change and learning, 2004:177-198.

[5]SELF D R, ARMENAKIS A A, SCHRAEDER M. Organizational change content, process, and context:A simultaneous analysis of employee reactions[J]. Journal of change management, 2007(2):211-229.

[6]KOTTER J P, COHEN D S. The heart of change:Real-life stories of how people change their organizations[M]. Boston, MA:Harvard Business School Press, 2012.

[7]KOTTER J P. Leading change:Why transformation efforts fail[J]. Harvard business review, 1995(2):59-67.

[8]王重鸣. 专业技术人员创业能力建设读本[M]. 北京:中国人事出版社,2015.

[9]WANG Z M. Developing global roles for Chinese leadership:An ASD theory of organizational change [M]. United Kingdom:Emerald Group

Publishing Limited, 2012.

[10]OSBORN R N, HUNT J G, JAUCH L R. Toward a contextual theory of leadership[J]. Leadership quarterly, 2002(6): 797-837.

[11]BERSON Y, AVOLIO B J. Transformational leadership and the dissemination of organizational goals: A case study of a telecommunication firm[J]. Leadership quarterly, 2004(5): 625-646.

[12]BOMMER W H, RICH G A, RUBIN R S. Changing attitudes about change: Longitudinal effects of transformational leader behavior on employee cynicism about organizational change[J]. Journal of qrganizational behavior, 2005(7): 733-753.

[13]HIGGS M, ROWLAND D. Building change leadership capability: "The quest for change competence"[J]. Journal of change management, 2000 (2): 116-130.

[14]STRUCKMAN C K, YAMMARINO F J. Managing through multiple change activities: A solution to the enigma of the 21st century[J]. Organizational dynamics, 2003(3): 234-246.

[15]YUKL G. An evaluation of conceptual weaknesses in transformational and charismatic leadership theories[J]. Leadership quarterly, 1999(2): 285-305.

[16]ARMENAKIS A A, BEDEIAN A G. Organizational change: A review of theory and research in the 1990s[J]. Journal of management, 1999 (3): 293-315.

[17]高静美,郭劲光,李宇. 组织变革研究体系的嬗变与中国维度的本土考量[J]. 管理世界, 2010(9): 150-164.

[18]PETTIGREW A M, WOODMAN R W, CAMERON K S. Studying organizational change and development: Challenges for future research[J]. Academy of management journal, 2001(4): 697-713.

[19]BREHM J W, BURKE W W, LAKE D G, et al. Organization change: A comprehensive reader[M]. San Fancisco, CA: Jossey-Bass, 2009.

[20]TAYLOR FREDERICK W. The principles of scientific management

[M]. New York: Harper and Row, 1911.

[21] HEROLD D M, FEDOR D B. Leading change management: Leadership strategies that really work[M]. United Kingdom: Kogan Page Limited, 2008.

[22] HUGHES M. The leadership of organizational change[M]. London: Routledge, 2015.

[23] BURKE W W. Organization change: Theory and practice[M]. Thousand Oaks, CA: Sage Publications, 2013.

[24] SMITH A, GRAETZ F M. Philosophies of organizational change[M]. Boston, MA: Edward Elgar, 2011.

[25] VAN DE VEN A H, POOLE M S. Explaining development and change in organizations[J]. Academy of management review, 1995(3): 510-540.

[26] ELROD P D, TIPPETT D D. The "death valley" of change[J]. Journal of organizational change management, 2002(3): 273-291.

[27] PETTIGREW A M. The double hurdles for management research[M]. London: Dartmouth Press, 1997.

[28] ANDREWS J, CAMERON H, HARRIS M. All change? Managers' experience of organizational change in theory and practice[J]. Journal of organizational change management, 2008(3): 300-314.

[29] HOUCHIN K, MACLEAN D. Complexity theory and strategic change: An empirically informed critique[J]. British journal of management, 2005(2): 149-166.

[30] MEYER A D, BROOKS G R, GOES J B. Environmental jolts and industry revolutions: Organizational responses to discontinuous change[J]. Strategic management journal, 1990(5): 93-110.

[31] KELLY D, AMBURGEY T L. Organizational inertia and momentum: A dynamic model of strategic change[J]. Academy of management journal, 1991(3): 591-612.

[32]HAVEMAN H A. Between a rock and a hard place: Organizational change and performance under conditions of fundamental environmental transformation[J]. Administrative science quarterly, 1992(1): 48-75.

[33] FOX-WOLFGRAMM S, BOAL K B, HUNT J G. Towards an understanding of organizational adaptation: Inside the black box [J]. Administrative science quarterly, 1998(1): 87-126.

[34] BURKE W W, LITWIN G H. A causal model of organizational performance and change[J]. Journal of management, 1992(3): 523-545.

[35] LEWIN K. Field theory in social science [M]. New York: Harper, 1951.

[36] HENDRY C. Understanding and creating whole organizational change through learning theory[J]. Human relations, 1996(5): 621-641.

[37] CHILD J. Context, comparison, and methodology in Chinese management research[J]. Management and organization review, 2009(1): 57-73.

[38]GEORGE G. Rethinking management scholarship[J]. Academy of management journal, 2014(1): 1-6.

[39]JING R, VAN DE VEN A H. A yin-yang model of organizational change: The case of Chengdu Bus Group[J]. Management and organization Review, 2014(1): 29-54.

[40]SUN H F, CHEN C C, ZHANG S H. Strategic leadership of Sunzi in the art of war[J]. Leadership and management in China: Philosophies, theories, and practices, 2008: 143-168.

[41]PORTER M E. Towards a dynamic theory of strategy[J]. Strategic management journal, 1991(2): 95-117.

[42]胡洪浩. 企业变革决策中的组织警觉特征及其效能机制研究[D]. 浙江大学, 2014.

[43] ERTMER P A. Addressing first-and second-order barriers to change: Strategies for technology integration [J]. Educational technology research and development, 1999(4): 47-61.

[44]LEVY A, MERRY U. Organizational transformation: Approaches, strategies, theories[M]. New York: Praeger, 1986.

[45]曾庆丰. 企业电子商务转型研究：基于能力的视角[D]. 上海复旦大学, 2005.

[46] GUMMER B. Total quality management: Organizational transformation or passing fancy? [J]. Administration in social work, 1996 (3): 75-95.

[47]MILLER D, FRIESEN P H. Structural change and performance: Quantum versus piecemeal-incremental approaches [J]. Academy of management journal, 1982(4): 867-892.

[48] GIBSON R K, GILLAN K, GREFFET F, et al. Party organizational change and ICTs: The growth of a virtual grassroots? [J]. New media & society, 2013(1): 31-51.

[49] ZHU K, KRAEMER K L, XU S. The process of innovation assimilation by firms in different countries: A technology diffusion perspective on e-business[J]. Management science, 2006(10): 1557-1576.

[50] ZAHRA S A. Predictors and financial outcomes of corporate entrepreneurship: An exploratory study[J]. Journal of business venturing, 1991(4): 259-285.

[51] BURGELMAN R A. Designs for corporate entrepreneurship in established firms[J]. California management review, 1984(3): 154-166.

[52] COVIN J G, MILES M P. Corporate entrepreneurship and the pursuit of competitive advantage[J]. Entrepreneurship: Theory and practice, 1999(3): 47-63.

[53]IRELAND R D, COVIN J G, KURATKO D F. Conceptualizing corporate entrepreneurship strategy [J]. Entrepreneurship theory and practice, 2009(1): 19-46.

[54]HOOPER A, POTTER J. Intelligent leadership: Creating a pattern for change[M]. London: Random House, 2000.

[55]FORD J D, FORD L W. The leadership of organization change: A view from recent empirical evidence[M]. UK: Emerald Group Publishing Limited, 2012.

[56]HIGGS M, ROWLAND D. All changes great and small: Exploring approaches to change and its leadership[J]. Journal of change management, 2005(2): 121-151.

[57]HEROLD D M, FEDOR D B, CALDWELL S, et al. The effects of transformational and change leadership on employees' commitment to a change: A multilevel study. [J]. Journal of applied psychology, 2008(2): 346-357.

[58]BATTILANA J, GILMARTIN M, SENGUL M, et al. Leadership competencies for implementing planned organizational change[J]. Leadership quarterly, 2010(3): 422-438.

[59]KAVANAGH M H, ASHKANASY N M. The impact of leadership and change management strategy on organizational culture and individual acceptance of change during a merger[J]. British journal of management, 2006 (1): 81-103.

[60]BASS B M. Transformational leadership: Industry, military, and educational impact[M]. Mahwah, NJ: Erlbaum, 1998.

[61]KOTTER J P. Leading change[M]. Boston, MA: Harvard Business School Press, 1996.

[62]GILLEY A, MCMILLAN H S, GILLEY J W. Organizational change and characteristics of leadership effectiveness[J]. Journal of leadership & organizational studies, 2009(1): 38-47.

[63]COLVILLE I D, MURPHY A J. Leadership as the Enabler of strategizing and organizing[J]. Long range planning, 2006(6): 663-677.

[64]AVOLIO B J, WALUMBWA F O, WEBER T J. Leadership: Current theories, research, and future directions [J]. Annual review of psychology, 2009(1): 421-449.

[65]AGLE B R, NAGARAJAN N J, SONNENFELD J A, et al. Does CEO charisma matter? An empirical analysis of the relationships among organizational performance, environmental uncertainty, and top management team perceptions of CEO charisma[J]. Academy of management journal, 2006 (1): 161-174.

[66] ULRICH D, YEUNG A. A shared mindset [J]. Personnel administrator, 1989(3): 38-45.

[67]HIGGS M, ROWLAND D. Developing change leaders: Assessing the impact of a development programme[J]. Journal of change management, 2001(1): 47-64.

[68] BRYMAN A. Charisma and leadership in organizations [M]. London: Sage, 1992.

[69]JUDGE T A, PICCOLO R F. Transformational and transactional leadership: A meta-analytic test of their relative validity[J]. Journal of applied psychology, 2004(5): 755-768.

[70] AVOLIO B J, LUTHANS F. Authentic leadership: A positive developmental approach[M]. San Francisco: Berrett-Koehler, 2003.

[71]COOPER C D, SCANDURA T A, SCHRIESHEIM C A. Looking forward but learning from our past: Potential challenges to developing authentic leadership theory and authentic leaders[J]. Leadership quarterly, 2005(3): 475-493.

[72]SPARROWE R T. Authentic leadership and the narrative self[J]. Leadership quarterly, 2005(3): 419-439.

[73] EISENBACH R, WATSON K, PILLAI R. Transformational leadership in the context of organizational change[J]. Journal of organizational change management, 1999(2): 80-89.

[74]AVOLIO B J, BASS B M, JUNG D I. Re-examining the components of transformational and transactional leadership using the Multifactor Leadership[J]. Journal of occupational and organizational psychology 1999

(4): 441-462.

[75] ALIMO-METCALFE B. An investigation of female and male constructs of leadership and empowerment [J]. Women in management review, 1995(2): 3-8.

[76] BASS B M. Two decades of research and development in transformational leadership[J]. European journal of work and organizational psychology, 1999(1): 9-32.

[77]BY R T, BURNES B, OSWICK C. Change management: The road ahead[J]. Journal of change management, 2011(1): 1-6.

[78] CONGER J A. Charismatic and transformational leadership in organizations: An insider's perspective on these developing streams of research[J]. Leadership quarterly, 1999(2): 145-179.

[79]PARRY K W. Leadership and organization theory[M]. London: Sage Publications, 2011.

[80] LIAO H, CHUANG A. Transforming service employees and climate: a multilevel, multisource examination of transformational leadership in building long-term service relationships[J]. Journal of applied psychology, 2007(4): 1006-1019.

[81]BASS B M. Leadership and performance beyond expectations[M]. New York: Free Press, 1985.

[82]AVOLIO B J. Full leadership development: Building the vital forces in organizations[M]. Thousand Oaks, CA: Sage, 1999.

[83] BASS B M. The ethics of transformational leadership [M]. Westport, CT: Quorum, 1998.

[84]WANG G, OH I-S, COURTRIGHT S H, et al. Transformational leadership and performance across criteria and levels: A meta-analytic review of 25 years of research[J]. Group & Organization Management, 2011, 36(2): 223-270.

[85] BENNIS W, NANUS B. Leadership: The strategies for taking

charge[M]. New York: Harper and Row, 1985.

[86] SCHAUBROECK J, LAM S S, CHA S E. Embracing transformational leadership: Team values and the impact of leader behavior on team performance. [J]. Journal of applied psychology, 2007(4): 1020-1030.

[87] SCHRIESHEIM C A, WU J B, SCANDURA T A. A meso measure? Examination of the levels of analysis of the Multifactor Leadership Questionnaire (MLQ)[J]. Leadership quarterly, 2009(4): 604-616.

[88] KARK R, SHAMIR B, AVOLIO B J, et al. The dual effect of transformational leadership: Priming relational and collective selves and further effects on followers[M]. Oxford, UK: Elsevier Science, 2002.

[89] WANG X, HOWELL J M. Exploring the dual-level effects of transformational leadership on followers[J]. Journal of applied psychology, 2010(6): 1134-1144.

[90] WU J B, TSUI A S, KINICKI A J. Consequences of differentiated leadership in groups[J]. Academy of management journal, 2010(1): 90-106.

[91] DANSEREAU F, YAMMARINO F J, MARKHAM S E. Leadership: The multiple-level approaches[J]. Leadership quarterly, 1995 (2): 97-109.

[92] HERMAN H M, CHIU W C. Transformational leadership and job performance: A social identity perspective[J]. Journal of business research, 2014(1): 2827-2835.

[93] YAMMARINO F J, DIONNE S, CHUN J U. Transformational and charismatic leadership: A levels-of-analysis review of theory, measurement, data analysis, and inferences [M]. Greenwich, CT: Information Age Publishing, 2002.

[94] YAMMARINO F J, BASS B M. Transformational leadership and multiple levels of analysis[J]. Human relations, 1990(10): 975-995.

[95] TO M L, HERMAN H M, ASHKANASY N M. A multilevel model of transformational leadership, affect, and creative process behavior in

work teams[J]. Leadership quarterly, 2015(4): 543-556.

[96]WANG X, HOWELL J M. A multilevel study of transformational leadership, identification, and follower outcomes[J]. Leadership quarterly, 2012(5): 775-790.

[97]ZACCARO S J, HEINEN B, SHUFFLER M. Team leadership and team effectiveness[M]. New York, NY: Psychology Press, 2009.

[98]ZHANG X, LI N, ULLRICH J, et al. Getting everyone on boards on top management team effectiveness and leader-rated firm performance: The effect of differentiated transformational leadership by CEO[J]. Journal of management, 2015(7): 1898-1933.

[99]LI G, SHANG Y, LIU H, et al. Differentiated transformational leadership and knowledge sharing: A cross-level investigation[J]. European management journal, 2014(4): 554-563.

[100] LING Y A N, SIMSEK Z, LUBATKIN M H, et al. Transformational leadership's role in promoting corporate entrepreneurship: Examining the CEO-TMT interface[J]. Academy of management journal, 2008(3): 557-576.

[101]王凤彬,陈建勋. 动态环境下变革型领导行为对探索式技术创新和组织绩效的影响[J]. 南开管理评论, 2011(1): 4-16.

[102] WALDMAN D A, JAVIDAN M, VARELLA P. Charismatic leadership at the strategic level: A new application of upper echelons theory [J]. Leadership quarterly, 2004(3): 355-380.

[103] CHOUDHARY A I, AKHTAR S A, ZAHEER A. Impact of transformational and servant leadership on organizational performance: A comparative analysis[J]. Journal of business ethics, 2013(2): 433-440.

[104]MENGUC B, AUH S, SHIH E. Transformational leadership and market orientation: Implications for the implementation of competitive strategies and business unit performance[J]. Journal of business research, 2007(4): 314-321.

[105] ARAGÓN-CORREA J A, GARCÍA-MORALES V J, CORDÓN-POZO E. Leadership and organizational learning's role on innovation and performance：Lessons from Spain[J]. Industrial marketing management, 2007 (3)：349-359.

[106] 鞠芳辉，谢子远，宝贡敏. 西方与本土：变革型，家长型领导行为对民营企业绩效影响的比较研究[J]. 管理世界，2008(5)：85-101.

[107] 王飞绒，陈文兵. 领导风格与企业创新绩效关系的实证研究——基于组织学习的中介作用[J]. 科学学研究，2012(6)：943-949.

[108] 吴泽俊，杨铖，胡杨成. 变革型领导，组织创新对高校组织绩效的影响[J]. 重庆大学学报（社会科学版），2015(21)：227-233.

[109] ENGELEN A, GUPTA V, STRENGER L, et al. Entrepreneurial orientation, firm performance, and the moderating role of transformational leadership behaviors[J]. Journal of management, 2015(4)：1069-1097.

[110] ENSLEY M D, PEARCE C L, HMIELESKI K M. The moderating effect of environmental dynamism on the relationship between entrepreneur leadership behavior and new venture performance[J]. Journal of business venturing, 2006(2)：243-263.

[111] GIBB C A. Leadership[M]. Boston, MA：Addison-Wesley, 1954.

[112] GRONN P. Distributed leadership as a unit of analysis[J]. Leadership quarterly, 2002(4)：423-451.

[113] OREG S, BERSON Y. Leadership and employees' reactions to change：The role of leaders' personal attributes and transformational leadership style[J]. Personnel psychology, 2011(3)：627-659.

[114] HILLER N J, DAY D V, VANCE R J. Collective enactment of leadership roles and team effectiveness：A field study[J]. Leadership quarterly, 2006(4)：387-397.

[115] COLBERT A E, KRISTOF-BROWN A L, BRADLEY B H, et al. CEO transformational leadership：The role of goal importance congruence in top management teams[J]. Academy of management journal, 2008(1)：81-96.

[116] RAELIN J A. Dialogue and deliberation as expressions of democratic leadership in participatory organizational change[J]. Journal of organizational change management, 2012(1): 7-23.

[117] HOUSE R J, ADITYA R N. The social scientific study of leadership: Quo vadis? [J]. Journal of management, 1997(3): 409-473.

[118] NADLER D A, TUSHMAN M L. Beyond the charismatic leader: Leadership and organizational change[J]. California management review, 1990 (2): 77-97.

[119] NADLER D A, TUSHMAN M L. The organization of the future: Strategic imperatives and core competencies for the 21st century [J]. Organizational dynamics, 1999(1): 45-60.

[120] BEER M, NOHRIA N. Resolving the tension between theories E and O of change[M]. Boston, MA: Harvard Business School Press, 2000.

[121] KELLER R T. Transformational leadership, initiating structure, and substitutes for leadership: A longitudinal study of research and development project team performance. [J]. Journal of applied psychology, 2006(1): 202-210.

[122] WREN J, DULEWICZ V. Leader competencies, activities and successful change in the Royal Air Force[J]. Journal of change management, 2005(3): 295-309.

[123] 唐琳琳. 组织变革领导力的概念模型及其效能机制研究:基于 ASD 理性的视角[D]. 浙江大学, 2009.

[124] BASS B M, BASS R. The Bass handbook of leadership: Theory, research, and managerial applications[M]. New York: Free Press, 2008.

[125] LYONS J B, SWINDLER S D, OFFNER A. The impact of leadership on change readiness in the US military[J]. Journal of change management, 2009(4): 459-475.

[126] ZACCARO S J, FOTI R J, KENNY D A. Self-monitoring and trait-based variance in leadership: An investigation of leader flexibility across

multiple group situations. [J]. Journal of applied psychology, 1991 (2): 308-315.

[127] PORTER L W, MCLAUGHLIN G B. Leadership and the organizational context: Like the weather? [J]. Leadership quarterly, 2006 (6): 559-576.

[128] SHAMIR B, HOWELL J M. Organizational and contextual influences on the emergence and effectiveness of charismatic leadership[J]. The leadership quarterly, 1999(2): 257-283.

[129]BOAL K B, HOOIJBERG R. Strategic leadership research: Moving on[J]. Leadership quarterly, 2001(4): 515-549.

[130] BASS B M, AVOLIO B J. Transformational leadership development: Manual for the multifactor leadership questionnaire[M]. Palo Alto, CA: Consulting Psychologists Press, 1990.

[131]ZHANG Z, JIA M, GU L. Transformational leadership in crisis situations: evidence from the People's Republic of China[J]. International journal of human resource management, 2012(19): 4085-4109.

[132] HOUSE R J, SPANGLER W D, WOYCKE J. Personality and charisma in the US presidency: A psychological theory of leader effectiveness [J]. Administrative science quarterly, 1991(3): 364-396.

[133]PILLAI R, MEINDL J R. The effect of a crisis on the emergence of charismatic leadership: A laboratory study [C]//Academy of management proceedings. Academy of management, 1991: 235-239.

[134] DÓCI E, HOFMANS J. Task complexity and transformational leadership: The mediating role of leaders' state core self-evaluations[J]. Leadership quarterly, 2015(3): 436-447.

[135]TOSI H L. The organization as a context for leadership theory: A multilevel approach[J]. Leadership quarterly, 1991(3): 205-228.

[136]PAWAR B S, EASTMAN K K. The nature and implications of contextual influences on transformational leadership: A conceptual

examination[J]. Academy of management review, 1997(1): 80-109.

[137]LEVINTHAL D A, MARCH J G. The myopia of learning[J]. Strategic management journal, 1993(S2): 95-112.

[138] MARCH J G. Exploration and exploitation in organizational learning[J]. Organization science, 1991(1): 71-87.

[139]TUSHMAN M L, O'REILLY C A. Ambidextrous organizations: Managing evolutionary and revolutionary change[J]. California management review, 1996(4): 8-29.

[140]BENNER M J, TUSHMAN M L. Exploitation, exploration, and process management: The productivity dilemma revisited[J]. Academy of management review, 2003(2): 238-256.

[141] CASPIN-WAGNER K, ELLIS S, TISHLER A. Balancing exploration and exploitation for firm's superior performance: The role of the environment[C]//2012.

[142]TUSHMAN M, SMITH W K, WOOD R C, et al. Organizational designs and innovation streams[J]. Industrial and corporate change, 2010(5): 1331-1366.

[143]YU G J, KHESSINA O. The role of exploration in firm survival in the worldwide optical library market[C]//2012.

[144]GIBSON C B, BIRKINSHAW J. The antecedents, consequences, and mediating role of organizational ambidexterity [J]. Academy of management Journal, 2004(2): 209-226.

[145]GULATI R, PURANAM P. Renewal through reorganization: The value of inconsistencies between formal and informal organization [J]. Organization science, 2009(2): 422-440.

[146]LUBATKIN M H, SIMSEK Z, LING Y, et al. Ambidexterity and performance in small-to medium-sized firms: The pivotal role of top management team behavioral integration[J]. Journal of management, 2006 (5): 646-672.

[147] SMITH W K, TUSHMAN M L. Managing strategic contradictions: A top management model for managing innovation streams[J]. Organization Science, 2005(5): 522-536.

[148] O'REILLY C A, TUSHMAN M L. Organizational ambidexterity: Past, present, and future[J]. Academy of management perspectives, 2013 (4): 324-338.

[149] BENNER M J, TUSHMAN M L. Reflections on the 2013 Decade Award—"Exploitation, exploration, and process management: The productivity dilemma revisited"[J]. Academy of management review, 2015 (4): 497-514.

[150] FRESE M, KRING W, SOOSE A, et al. Personal initiative at work: Differences between East and West Germany [J]. Academy of management journal, 1996(1): 37-63.

[151] FRESE M, FAY D, HILBURGER T, et al. The concept of personal initiative: Operationalization, reliability and validity in two German samples[J]. Journal of occupational and organizational psychology, 1997(2): 139-161.

[152] VAN DYNE L, LEPINE J A. Helping and voice extra-role behaviors: Evidence of construct and predictive validity[J]. Academy of management journal, 1998(1): 108-119.

[153] MORRISON E W, PHELPS C C. Taking charge at work: Extrarole efforts to initiate workplace change[J]. Academy of management journal, 1999(4): 403-419.

[154] ASHFORD S J, TSUI A S. Self-regulation for managerial effectiveness: The role of active feedback seeking [J]. Academy of management journal, 1991(2): 251-280.

[155] ASHFORD S J, BLACK J S. Proactivity during organizational entry: The role of desire for control. [J]. Journal of applied psychology, 1996 (2): 199-214.

[156]FRESE M, FAY D. Personal initiative: An active performance concept for work in the 21st century [M]. Amsterdam: Elsevier Science, 2001.

[157]张桂平, 廖建桥. 国外员工主动行为研究新进展探析[J]. 外国经济与管理, 2011(3): 58-64.

[158]FAY D, FRESE M. The concept of personal initiative: An overview of validity studies[J]. Human performance, 2001(1): 97-124.

[159]HERRMANN D, FELFE J. Effects of leadership style, creativity technique and personal initiative on employee creativity[J]. British journal of management, 2014(2): 209-227.

[160]AVOLIO B J, ZHU W, KOH W, et al. Transformational leadership and organizational commitment: Mediating role of psychological empowerment and moderating role of structural distance [J]. Journal of organizational behavior, 2004(8): 951-968.

[161]DIRKS K T, FERRIN D L. Trust in leadership: Meta-analytic findings and implications for research and practice. [J]. Journal of applied psychology, 2002(4): 611-628.

[162]PODSAKOFF P M, MACKENZIE S B, MOORMAN R H, et al. Transformational leader behaviors and their effects on followers' trust in leader, satisfaction, and organizational citizenship behaviors[J]. Leadership quarterly, 1990(2): 107-142.

[163]WALUMBWA F O, LAWLER J J. Building effective organizations: Transformational leadership, collectivist orientation, work-related attitudes and withdrawal behaviours in three emerging economies[J]. International journal of human resource management, 2003(7): 1083-1101.

[164]GUMUSLUOGLU L, ILSEV A. Transformational leadership, creativity, and organizational innovation[J]. Journal of business research, 2009(4): 461-473.

[165]ARNOLD K A, BARLING J, KEVIN KELLOWAY E.

Transformational leadership or the iron cage: Which predicts trust, commitment and team efficacy? [J]. Leadership & organization development journal, 2001(7): 315-320.

[166] AYOKO O B, CHUA E L. The importance of transformational leadership behaviors in team mental model similarity, team efficacy, and intra-team conflict[J]. Group & organization management, 2014(5): 504-531.

[167] EISENBEISS S A, VAN KNIPPENBERG D, BOERNER S. Transformational leadership and team innovation: Integrating team climate principles. [J]. Journal of applied psychology, 2008(6): 1438-1446.

[168] KEARNEY E, GEBERT D. Managing diversity and enhancing team outcomes: The promise of transformational leadership. [J]. Journal of applied psychology, 2009(1): 77-89.

[169] ZHANG X, CAO Q, TJOSVOLD D. Linking transformational leadership and team performance: A conflict management approach [J]. Journal of management studies, 2011(7): 1586-1611.

[170] ENSLEY M D, HMIELESKI K M, PEARCE C L. The importance of vertical and shared leadership within new venture top management teams: Implications for the performance of startups[J]. Leadership quarterly, 2006 (3): 217-231.

[171] ZHU W, CHEW I K H, SPANGLER W D. CEO transformational leadership and organizational outcomes: The mediating role of human-capital-enhancing human resource management[J]. Leadership quarterly, 2005(1): 39-52.

[172] JANSEN J J, GEORGE G, VAN DEN BOSCH F A, et al. Senior team attributes and organizational ambidexterity: The moderating role of transformational leadership [J]. Journal of management studies, 2008(5): 982-1007.

[173] NEMANICH L A, VERA D. Transformational leadership and ambidexterity in the context of an acquisition[J]. Leadership quarterly, 2009

（1）：19-33.

[174]GUMUSLUOĞLU L, ILSEV A. Transformational leadership and organizational innovation：The roles of internal and external support for innovation[J]. Journal of product innovation management, 2009(3)：264-277.

[175]JUNG D I, CHOW C, WU A. The role of transformational leadership in enhancing organizational innovation：Hypotheses and some preliminary findings[J]. Leadership quarterly, 2003(4)：525-544.

[176]朱慧，周根贵. 变革型领导行为有效吗？——基于 Meta 分析的变革型领导与组织绩效关系的研究[J]. 管理评论, 2016(7)：179-187.

[177]RUMELHART D E, MCCLELLAND J L. Parallel distributed processing：Explorations in the microstructure of cognition[M]. Cambridge, MA：MIT Press, 1986.

[178]THOMAS M S, MCCLELLAND J L. Connectionist models of cognition[M]. New York：Cambridge University Press, 2008.

[179]杨明玉. PDP 理论及其在心理学中的应用[J]. 哲学研究, 2011(27)：37-38.

[180]陆亚东，符正平. "水"隐喻在中国特色管理理论中的运用[J]. 外国经济与管理, 2016(1)：3-14.

[181]薛元昊. 转型升级背景下高技术创业行动及其效能机制研究：并行分布式加工的视角[D]. 浙江大学, 2014.

[182]YAMMARINO F J, DUBINSKY A J. Transformational leadership theory：Using levels of analysis to determine boundary conditions [J]. Personnel psychology, 1994(4)：787-811.

[183] AHMAD F, ABBAS T, LATIF S, et al. Impact of transformational leadership on employee motivation in telecommunication sector[J]. Journal of management, 2014(2)：11-25.

[184]DEINERT A, HOMAN A C, BOER D, et al. Transformational leadership sub-dimensions and their link to leaders' personality and performance[J]. Leadership quarterly, 2015(6)：1095-1120.

[185]孟慧，宋继文，徐琳，等. 中国情境下变革型领导的内涵与测量的再探讨[J]. 管理学报，2013(3)：375-383.

[186] QU R, JANSSEN O, SHI K. Transformational leadership and follower creativity：The mediating role of follower relational identification and the moderating role of leader creativity expectations[J]. Leadership quarterly, 2015(2)：286-299.

[187] STINGLHAMBER F, MARIQUE G, CAESENS G, et al. The influence of transformational leadership on followers' affective commitment：The role of perceived organizational support and supervisor's organizational embodiment[J]. Career development international, 2015(6)：583-603.

[188] KIM H, KIM J. A cross-level study of transformational leadership and organizational affective commitment in the Korean local governments：Mediating role of procedural justice and moderating role of culture types based on competing values framework[J]. Leadership, 2015(2)：158-185.

[189] FORD J D, FORD L, POLIN B. Leadership in the conduct of organizational change：An integrative view [C]//Academy of management proceedings, 2014.

[190] MOWDAY R T, SUTTON R I. Organizational behavior：Linking individuals and groups to organizational contexts [J]. Annual review of psychology, 1993(1)：195-229.

[191] RAGIN C C, NAGEL J, WHITE P. Workshop on scientific foundations of qualitative research [M]. Arlington, TX：National Science Foundation, 2004.

[192] GLASER B G, STRAUSS A L. The discovery of grounded theory：Strategies for qualitative research[M]. New York：Adline de Gruyter, 1967.

[193] MILES M B, HUBERMAN A M. Qualitative data analysis：A sourcebook of new methods[M]. Newbury Park, CA：Sage Publications, 1984.

[194] YIN R. Case study research：Design and methods[M]. CA：Sage publishing, 1994.

[195]EISENHARDT K M. Building theories from case study research [J]. Academy of management review, 1989(4): 532-550.

[196] EDMONDSON A C, MCMANUS S E. Methodological fit in management field research[J]. Academy of management review, 2007(4): 1246-1264.

[197]陈晓萍, 徐淑英, 樊景立. 组织与管理研究的实证方法[M]. 2 版. 北京：北京大学出版社, 2012.

[198]HINKIN T R. A brief tutorial on the development of measures for use in survey questionnaires[J]. Organizational research methods, 1998(1): 104-121.

[199]DEVELLIS R F. Scale development: Theory and applications[M]. Newbury Pack, CA: Sage publications, 1991.

[201]潘煜, 高丽, 张星, 等. 中国文化背景下的消费者价值观研究——量表开发与比较[J]. 管理世界, 2014(4): 90-106.

[202]RUBIN R S, MUNZ D C, BOMMER W H. Leading from within: The effects of emotion recognition and personality on transformational leadership behavior[J]. Academy of management journal, 2005(5): 845-858.

[203]WALKER A G, SMITHER J W, WALDMAN D A. A longitudinal examination of concomitant changes in team leadership and customer satisfaction[J]. Personnel psychology, 2008(3): 547-577.

[204]YUKL G, GORDON A, TABER T. A hierarchical taxonomy of leadership behavior: Integrating a half century of behavior research [J]. Journal of leadership & organizational studies, 2002(1): 15-32.

[205]O'REILLY C A, CALDWELL D F, CHATMAN J A, et al. How leadership matters: The effects of leaders' alignment on strategy implementation[J]. Leadership quarterly, 2010(1): 104-113.

[206]ZHANG X, BARTOL K M. Linking empowering leadership and employee creativity: The influence of psychological empowerment, intrinsic motivation, and creative process engagement[J]. Academy of management

journal, 2010(1)：107-128.

[207]WANG H, TSUI A S, XIN K R. CEO leadership behaviors, organizational performance, and employees' attitudes [J]. Leadership quarterly, 2011(1)：92-105.

[208]ZAHRA S A, BOGNER W C. Technology strategy and software new ventures' performance：Exploring the moderating effect of the competitive environment [J]. Journal of business venturing, 2000 (2)：135-173.

[209]MACCALLUM R C, WIDAMAN K F, ZHANG S, et al. Sample size in factor analysis[J]. Psychological methods, 1999(1)：84-99.

[210]吴明隆. 结构方程模型：AMOS 实务进阶[M]. 重庆：重庆大学出版社, 2013.

[211]HU L, BENTLER P M. Cutoff criteria for fit indexes in covariance structure analysis：Conventional criteria versus new alternatives [J]. Structural equation modeling：A multidisciplinary journal, 1999(1)：1-55.

[212]王重鸣. 心理研究方法[M]. 北京：人民教育出版社, 1990.

[213]FORNELL C, LARCKER D F. Evaluating structural equation models with unobservable variables and measurement error[J]. Journal of marketing research, 1981(1)：39-50.

[214]KETKAR S, SETT P K. HR flexibility and firm performance：analysis of a multi-level causal model[J]. International journal of human resource management, 2009(5)：1009-1038.

[215]FARMER S M, TIERNEY P, KUNG-MCINTYRE K. Employee creativity in Taiwan：An application of role identity theory[J]. Academy of management journal, 2003(5)：618-630.

[216]HANNAH S T, UHL-BIEN M, AVOLIO B J, et al. A framework for examining leadership in extreme contexts[J]. Leadership quarterly, 2009 (6)：897-919.

[217]BEUGRÉC D, ACAR W, BRAUN W. Transformational leadership

in organizations: An environment-induced model[J]. International Journal of manpower, 2006(1): 52-62.

[218]MILLIKEN F J. Three types of perceived uncertainty about the environment: State, effect, and response uncertainty [J]. Academy of management review, 1987(1): 133-143.

[219] TEECE D J. Capturing value from knowledge assets: The new economy, markets for know-how, and intangible assets [J]. California management review, 1998(3): 55-79.

[220] BOGNER W C, BARR P S. Making sense in hypercompetitive environments: A cognitive explanation for the persistence of high velocity competition[J]. Organization science, 2000(2): 212-226.

[221]AVOLIO B J, BASS B M. Transformational leadership, charisma, and beyond[M]. Lexington, MA: Lexington Books, 1988.

[222]PEARSON C M, CLAIR J A. Reframing crisis management[J]. Academy of management review, 1998(1): 59-76.

[223] MARRONE J A, TESLUK P E, CARSON J B. A multilevel investigation of antecedents and consequences of team member boundary-spanning behavior[J]. Academy of management journal, 2007(6): 1423-1439.

[224]WAGEMAN R, GARDNER H, MORTENSEN M. The changing ecology of teams: New directions for teams research [J]. Journal of organizational behavior, 2012(3): 301-315.

[225] HOWELL J M. Organization contexts, charismatic and exchange leadership[M]. Greenwich, CT: JAI Press, 1997.

[226]AYCAN Z, KANUNGO R N, SINHA J B. Organizational culture and human resource management practices The model of culture fit [J]. Journal of cross-cultural psychology, 1999(4): 501-526.

[227]MARKUS H R, KITAYAMA S. Culture and the self: Implications for cognition, emotion, and motivation [J]. Psychological review, 1991 (2): 224.

[228]BURNES B, JAMES H. Culture, cognitive dissonance and the management of change[J]. International journal of operations & production management, 1995(8): 14-33.

[229]FOMBRUN C J. Corporate culture, environment, and strategy[J]. Human resource management, 1983(1-2): 139-152.

[230] ALDRICH H, HERKER D. Boundary spanning roles and organization structure [J]. Academy of management review, 1977 (2): 217-230.

[231] WANG C L, RAFIQ M. Ambidextrous organizational culture, contextual ambidexterity and new product Innovation: A comparative study of UK and Chinese high-tech firms[J]. British journal of management, 2014(1): 58-76.

[232]PAVLOU P A, EL SAWY O A. From IT leveraging competence to competitive advantage in turbulent environments: The case of new product development[J]. Information systems research, 2006(3): 198-227.

[233]AKGÜN A E, BYRNE J C, LYNN G S, et al. Organizational unlearning as changes in beliefs and routines in organizations[J]. Journal of organizational change management, 2007(6): 794-812.

[234] PEARCE J L, GREGERSEN H B. Task interdependence and extrarole behavior: A test of the mediating effects of felt responsibility[J]. Journal of applied psychology, 1991(6): 838-848.

[235]KLEIN K J, CONN A B, SMITH D B, et al. Is everyone in agreement? An exploration of within-group agreement in employee perceptions of the work environment. [J]. Journal of applied psychology, 2001(1): 3-16.

[236]LEBRETON J M, SENTER J L. Answers to 20 questions about interrater reliability and interrater agreement [J]. Organizational research methods, 2008(4): 815-852.

[237]CHEN G, BLIESE P D. The role of different levels of leadership in predicting self-and collective efficacy: Evidence for discontinuity. [J]. Journal

of applied psychology, 2002(3): 549-556.

[238] JACCARD J, TURRISI R. Interaction effects in multiple regression[M]. Newbury Park, CA: Sage Publications, 2003.

[239] HAMBRICK D C, MASON P A. Upper echelons: The organization as a reflection of its top managers[J]. Academy of management review, 1984(2): 193-206.

[240] CARPENTER M A, GELETKANYCZ M A, SANDERS W G. Upper echelons research revisited: Antecedents, elements, and consequences of top management team composition[J]. Journal of management, 2004(6): 749-778.

[241]吴春波, 曹仰锋, 周长辉. 企业发展过程中的领导风格演变: 案例研究[J]. 管理世界, 2009(2): 123-137.

[242] HAMBRICK D C. Upper echelons theory: Origins, twists and turns, and lessons learned[M]. New York: Oxford University Press, 2005.

[243] LING Y, SIMSEK Z, LUBATKIN M H, et al. The impact of transformational CEOs on the performance of small-to medium-sized firms: Does organizational context matter? [J]. Journal of applied psychology, 2008(4): 923-934.

[244] WALDMAN D A, RAMIREZ G G, HOUSE R J, et al. Does leadership matter? CEO leadership attributes and profitability under conditions of perceived environmental uncertainty[J]. Academy of management journal, 2001(1): 134-143.

[245] GHOSHAL S, BARTLETT C A. Linking organizational context and managerial action: The dimensions of quality of management[J]. Strategic management journal, 1994(2): 91-112.

[246] BLOOM D A. Exploring community change: Causes, effects, and motivation[J]. National civic review, 1999(4): 293-302.

[247] SIEGEL P A, HAMBRICK D C. Pay disparities within top management groups: Evidence of harmful effects on performance of high-

technology firms[J]. Organization science, 2005(3): 259-274.

[248] PFEFFER J. Competitive advantage through people: Unleashing the power of the work force [M]. Boston, MA: Harvard Business Press, 1994.

[249] TJOSVOLD D. Cooperative and competitive goal approach to conflict: Accomplishments and challenges[J]. Applied psychology, 1998(3): 285-313.

[250] BREWER M B, MILLER N. Groups in contact: The psychology of desegregation[M]. San Diego, CA: Academic, 1984.

[251] BROWN S L, EISENHARDT K M. Product development: Past research, present findings, and future directions[J]. Academy of management review, 1995(2): 343-378.

[252] TSAI W, GHOSHAL S. Social capital and value creation: The role of intrafirm networks [J]. Academy of management journal, 1998 (4): 464-476.

[253] ROTHAERMEL F T, DEEDS D L. Exploration and exploitation alliances in biotechnology: A system of new product development [J]. Strategic management journal, 2004(3): 201-221.

[254] MCGRATH R G. Exploratory learning, innovative capacity, and managerial oversight [J]. Academy of management journal, 2001 (1): 118-131.

[255] ROSENKOPF L, NERKAR A. Beyond local search: Boundary-spanning, exploration, and impact in the optical disk industry[J]. Strategic management journal, 2001(4): 287-306.

[256] DARR E D, KURTZBERG T R. An investigation of partner similarity dimensions on knowledge transfer[J]. Organizational behavior and human decision processes, 2000(1): 28-44.

[257] GULATI R, LAVIE D, SINGH H. The nature of partnering experience and the gains from alliances[J]. Strategic management journal,

2009(11): 1213-1233.

[258] HOANG H, ROTHAERMEL F T. The effect of general and partner-specific alliance experience on joint R&D project performance[J]. Academy of management journal, 2005(2): 332-345.

[259] GUPTA A K, SMITH K G, SHALLEY C E. The Interplay between exploration and exploitation[J]. Academy of management journal, 2006(4): 693-706.

[260] BURGELMAN R A. Fading memories: A process theory of strategic business exit in dynamic environments[J]. Administrative science quarterly, 1994: 24-56.

[261]HE Z-L, WONG P-K. Exploration vs. exploitation: An empirical test of the ambidexterity hypothesis[J]. Organization science, 2004 (4): 481-494.

[262]CAO Q, GEDAJLOVIC E, ZHANG H. Unpacking organizational ambidexterity: Dimensions, contingencies, and synergistic effects [J]. Organization science, 2009(4): 781-796.

[263] AKGÜN A E, LYNN G S. New product development team improvisation and speed-to-market: An extended model[J]. European journal of innovation management, 2002(3): 117-129.

[264] VENKATRAMAN N, RAMANUJAM V. Measurement of business performance in strategy research: A comparison of approaches[J]. Academy of management review, 1986(4): 801-814.

[265]COVIN J G, SLEVIN D P. A conceptual model of entrepreneurship as firm behavior[J]. Entrepreneurship theory and practice, 1991(1): 7-25.

[266] CARTER M Z, ARMENAKIS A A, FEILD H S, et al. Transformational leadership, relationship quality, and employee performance during continuous incremental organizational change [J]. Journal of organizational behavior, 2013(7): 942-958.

[267] OREG S, VAKOLA M, ARMENAKIS A. Change recipients'

reactions to organizational change: A 60-year review of quantitative studies [J]. Journal of applied behavioral science, 2011(4): 461-524.

[268] FELDMAN M S, PENTLAND B T. Reconceptualizing organizational routines as a source of flexibility and change[J]. Administrative science quarterly, 2003(1): 94-118.

[269]KANFER R, ACKERMAN P L. Motivation and cognitive abilities: An integrative/aptitude-treatment interaction approach to skill acquisition[J]. Journal of applied psychology, 1989(4): 657-690.

[270]FRESE M, GARST H, FAY D. Making things happen: Reciprocal relationships between work characteristics and personal initiative in a four-wave longitudinal structural equation model [J]. Journal of applied psychology, 2007(4): 1084-1102.

[271]HULPIA H, DEVOS G. How distributed leadership can make a difference in teachers' organizational commitment? A qualitative study[J]. Teaching and teacher education, 2010(3): 565-575.

[272] OHLY S, FRITZ C. Work characteristics, challenge appraisal, creativity, and proactive behavior: A multi-level study [J]. Journal of organizational behavior, 2010(4): 543-565.

[273] RANK J, NELSON N E, ALLEN T D, et al. Leadership predictors of innovation and task performance: Subordinates' self-esteem and self-presentation as moderators[J]. Journal of occupational and organizational psychology, 2009(3): 465-489.

[274]THOMPSON J A. Proactive personality and job performance: A social capital perspective [J]. Journal of applied psychology, 2005 (5): 1011-1017.

[275] WANBERG C R, BANAS J T. Predictors and outcomes of openness to changes in a reorganizing workplace [J]. Journal of Applied psychology, 2000(1): 132-142.

[276]CRANT J M. Proactive behavior in organizations[J]. Journal of

management, 2000(3)：435-462.

[277] RAISCH S, BIRKINSHAW J. Organizational ambidexterity：Antecedents, outcomes, and moderators[J]. Journal of management, 2008(3)：375-409.

[278]JASMAND C, BLAZEVIC V, DE RUYTER K. Generating sales while providing service：A study of customer service representatives' ambidextrous behavior[J]. Journal of marketing, 2012(1)：20-37.

[279]PICCOLO R F, GREENBAUM R, HARTOG D N, et al. The relationship between ethical leadership and core job characteristics[J]. Journal of organizational behavior, 2010(2-3)：259-278.

[280]TIERNEY P, FARMER S M. Creative self-efficacy：Its potential antecedents and relationship to creative performance [J]. Academy of management journal, 2002(6)：1137-1148.

[281]张志学. 组织心理学研究的情境化及多层次理论[J]. 心理学报，2010(1)：10-21.

[282]RAUDENBUSH S W, BRYK A S. Hierarchical linear models：Applications and data analysis methods(2nd ed.)[M]. Thousand Oaks, CA：Sage, 2002.

[283] CARPENTER J R, GOLDSTEIN H, RASBASH J. A novel bootstrap procedure for assessing the relationship between class size and achievement[J]. Journal of the royal statistical society, 2003(4)：431-443.

[284] PREACHER K J, SELIG J P. Advantages of Monte Carlo confidence intervals for indirect effects [J]. Communication methods and measures, 2012(2)：77-98.

[285] COHEN J. Statistical power analysis for the behavioral sciences [M]. Hillsdale, NJ：Lawrence Erlbaum, 1988.

[286] MACKINNON D P, LOCKWOOD C M, WILLIAMS J. Confidence limits for the indirect effect：Distribution of the product and resampling methods[J]. Multivariate behavioral research, 2004(1)：99-128.

[287]SELIG J P, PREACHER K J. Monte Carlo method for assessing mediation: An interactive tool for creating confidence intervals for indirect effects[Computer software][EB/OL]. Computer software, http://www. quantpsy. org.

[288]经济转型与创新:认识、问题与对策——2013·中国企业家成长与发展专题调查报告[R]. 中国企业家调查系统, 2013.

[289]从"扬帆起航"到"动力远航",中国企业开启转型新历程[R]. 埃森哲, 2013.

[290]TSUI A S. Contributing to global management knowledge: A case for high quality indigenous research[J]. Asia Pacific journal of management, 2004(4): 491-513.

[291]BARKEMA H G, CHEN X-P, GEORGE G, et al. West meets East: New concepts and theories[J]. Academy of management journal, 2015 (2): 460-479.

[292]陆亚东. 中国管理学理论研究的窘境与未来[J]. 外国经济与管理, 2015(3): 3-15.